情熱でたどるスペイン史

伊斯蘭、猶太人和
基督教的衝突與和解

熱血
西班牙

歐洲中世紀研究專家 東大教授　池上俊一◎著
清華大學歷史研究所副教授 李毓中 專文導讀
文藻外語大學 西班牙語文系教授兼系主任 林震宇審訂
李喬智◎譯

導讀

一〇八年十二年國民基本教育課程綱要的實施，高中生不僅要在學程中試探不同學科的性向，且要培養通識的涵養、人文關懷及社會參與的能力，並為他們未來在大學修習的學科預作基礎。因此，許多國中、高中學校都擬訂了課程計畫書，來配合與協助新課綱的推動，雖然有人認為時間有些倉促準備不及，但迫於當前世界發展之快速，實有其且施行且調整的苦衷。

另一方面，此課綱的美意是希望未來的國家主人翁們，能打破部分學科的藩籬，更加多元地認識世界，同時建構國際化視野，但令人有所隱憂的是，是否有足夠且符合此課綱目標及精神的課外讀本，來提供教師及國、高中生閱讀進修充實之用？而這亦是當前教育界、學術界及出版業可以共同思考與努力的方向，而世茂出版社所出版的此一系列西歐五國義大利、法國、德國、英國及西班牙史專書，便是可以解決此一窘境的人文社會領域讀物。

作者池上俊一，是東京大學大學院總合文化研究科地域文化研究部門的教授，其專攻為中世紀的社會文化史，特別是對於宗教、傳說、旅遊及飲食等非傳統歷史研究者所關注的議題用力極深，出版相關專書近二十本，合著及翻譯書籍十餘本，因此真的是一位長期耕耘社會文化史著作等身的學者。而所任教的東京大學大學院總合文化研究科地域文化研究部門，更是一個很特別的學術殿堂，學者研究的地域從亞洲的日本、韓國、中國、東南亞／南亞／西亞，歐洲的德國、英國、法國、俄羅斯和東歐並擴及環地中海周邊地域（作者專精的領域），美洲的北美、中南美，還有非洲及大洋洲等。或許是有如此多不同區域研究的優秀同僚可以箴規磨切緣故，作者得以將義大利、法國、德國、英國及西班牙，五個歷史發展有著極大差異性的西歐國家歷史寫成專書，供國、高中學子閱讀。

整體而言，這本書有以下幾點特色。首先，如同前述其他的書一般，作者考量到年輕群族的閱讀習慣，找出西班牙給人們最深的印象來吸引讀者，而「熱情」便是對西班牙人及其文化最好的詮釋，這一點的確是足以吸引年輕人希望透過閱讀這本書，來增進他們對西班牙更深入的瞭解，甚至決定未來一睹其手采。其次，在內容上，作者除對西班牙歷史的主要政治經濟發展，進行深入淺出且文理通順的闡述外，無獨有偶的是，該書中對於西班牙文學、戲劇、繪畫、音樂及建築，甚至對於紅色喜好等等面向的討論，剛好與我們即將推行的一〇八課綱中「藝術涵養與美感素養」核心素養的內涵一致。

因此，若要說池上俊一教授這本書或是這一系列西歐五國的國別史專史，適合作為即將施行的十二年國民基本教育課程的國中、高中課外讀物，我認為最適合不過。

清華大學歷史研究所副教授　李毓中

前言

請問各位讀者，提到西班牙人的時候，大家腦中會浮現什麼樣的印象呢？應該是一個充滿熱情的民族吧。長久以來過著悠閒簡樸生活的人民，突然情緒波動很大，動作行為變得很誇張，看到這樣的情況，相信任何人都會感到驚訝吧。

這就是匯集西班牙人熱情奔放性格的一種藝術——佛朗明哥舞蹈。節拍激烈的舞蹈、高速的踩踏、訴說民族悲哀的旋律及歌詞，還有彷彿從靈魂深處擠壓出來的沙啞歌聲，熱情的表演在昏暗的劇場中呈現，讓我們這些觀光客都受到感染，體內的電流伏特也不禁逐漸升高，內心充滿感動。我到目前為止有幸親眼看過兩次佛朗明哥舞蹈表演，每一次都讓我有無比深刻的感受。

請容許我再提及另外一個難忘的回憶。三十多年前，我曾在巴黎的大學留學兩年多。在還搞不清楚方向的時候，很快地就跟韓國留學生K熟了起來。我攻讀歷史學，他則是主修電影學，雖然是完全不同的領域，但總會一起散步或是喝咖啡聊天。

K有一天突然非常沮喪，跟平時完全不同，我因為擔心所以詢問了一下，這才得知，原來他去西班牙旅行時認識了一個女孩，但因為必須回來巴黎而被迫分手。他的雙眼濕潤，嘆了好幾次氣，說著：「西班牙的女孩，真的非常非常熱情（passión）啊」。直到現在，他那句充滿熱度的「passión」，仍在我耳邊反覆迴盪著。

可惜我沒有天賜良緣，有幸獲得與西班牙女孩交往的機會，但在那之後，我在普羅斯佩·梅里美所寫的《卡門》一書中，讀到熱情的女主角，才深切明白，玩弄男人並讓男人為之幻滅的「宿命之女」，真的存在於西班牙。當然，男版的花花公主代名詞「唐璜」，我也不曾或忘。

描述西班牙人熱情洋溢的故事還有很多很多。在鬥牛表演中，西班牙人興奮地用最大的聲量對著觀光客大喊 "Olé" 也是如此，另外還有近來引發狂熱的足球運動，其中的皇家馬德里及巴塞隆納都是西班牙知名的足球隊伍。

十九世紀以來，以法國為首的歐洲文人們，都不約而同地熱衷於前往西班牙旅行、觀察如此熱情的西班牙人，並將西班牙當作是歐洲的「異鄉」，撰寫當地的自然風俗。而且，不僅十九世紀到二十世紀之間的歐洲人廣泛接受西班牙「熱情的國度」這個稱號，這稱號同時也成為觀光宣傳時最適用的金句。事實上，今日西班牙觀光導覽介紹，仍多以佛朗明哥舞蹈及鬥牛來歌頌「熱情」。

但是，對於這樣的傾向，研究西班牙歷史的學者們似乎已經感到厭煩，紛紛提出不要再以先入為主的觀點來看待西班牙，就連「熱情的國度」這樣的金句也棄而不願提及。也就是說，西班牙人並非都是源於熱情而盲目採取行動的笨蛋，反而應該說，西班牙人是一本正經且非常堅定的現實主義者，而且根據西班牙不同地區及自然環境，還造就出各式各樣的文化，像是海岸線及內陸，還有南部及北部等，全都渲染著熱情的紅色……諸如此類的評論紛陳。

的確如此。然而，即使我非常清楚此一事實，但在本書中還是將自古以來深植人心的「熱情」一詞當作關鍵字，希望藉此探究西班牙及西班牙人的歷史。如果不將本書全部看完，恐怕難以理解我的理由，不過簡單來說，就是我認為西班牙及西班牙人所創造的歷史，並非只是展現熱情的佛朗明哥舞蹈及鬥牛，而是在此同時催生了更具有深意的熱情。那種熱情，就是與整體西班牙人生活方式相輔相成的一種情感。

熱情，便是所有西班牙人在生活方式中一致的感情。而其中承襲著從古羅馬帝國到西哥德王國的文化，中世紀伊斯蘭教和基督教各個國家的矛盾與交流，近代西班牙聯合王國和地區主義這種綿長的歷史戲碼緊密交織，站在這種貫徹的立場看待西班牙史，就能更清楚了解這個國家的複雜歷史。

最後，日本於明治時期走向文明開化，在建立國家制度和產業發展時，參考的模範有大英帝國、法蘭西王國、德意志帝國這些歐洲先進國家，而當時衰敗的西班牙完全不在名單中。

但是，將基督教傳進日本戰國時期的，卻正是西班牙人（聖方濟．沙勿略）。一五八二年，信仰基督教的大名們派遣天正遣歐使節，一六一三年仙台藩主伊達政宗派出的慶長遣歐使節，都曾造訪西班牙，會見當時的國王。日本與西班牙、葡萄牙的交流，帶來獨特的藝術和飲食文化，後來又稱為「南蠻文化」。

西班牙與當時的日本，可謂在精神上連結在一起，就讓我們寄情於斯，同時回溯熱情洋溢的西班牙人所創造的歷史吧！

目錄

第 1 章

從羅馬帝國行省到西哥德王國的統治

——史前時代～中世紀初期——

塞維亞的依西多祿與姊姊佛倫蒂娜

西班牙成為真正統一的「國家」是在西元十五世紀末。在那之前的長久歲月中所展現的文化、社會等要素，以及各種制度，都為建造一個國家貢獻了心力。

因此要理解西班牙史，就必須從古代看起。羅馬時期和中世紀初期的西哥德統治時期，可以看作是一個窺見西班牙史最早光榮時期的跳板。

曾被視作非洲的一部分

不過，在講述西班牙史之前，先讓我們一起來看看西班牙的氣候地理。歷來，環境都決定了生活在一個地區的居民性格。

伊比利半島位於歐洲西南方，朝海洋向外延伸，面積為五十萬六千平方公里，比法國略小，但比英國、義大利大一點。半島中央是廣大高原，群山環繞。與法國之間有著庇里牛斯山阻隔，越過最南邊的安達魯西亞和最北邊的加利西亞就是大西洋，東海岸則受到地中海的淘洗。

這種夾在大西洋與地中海之間的絕佳位置，對於西班牙人徜徉大海、統治殖民地，具有莫大貢獻，不過那是在中世紀到近代時候的事。在古代的史前時代，鄰近非洲大陸這點，意義比較深遠。

從地圖上看即可一目了然（見第2章），伊比利半島與非洲僅隔一個直布羅陀海峽，而且是歐洲（放大來看是歐亞大陸）與非洲大陸的交接處。

近代歐洲各國經常揶揄西班牙距離非洲很近。像是法國作家大仲馬就曾說過：「非洲之界，始於庇里牛斯。」（不過也有人認為是拿破崙說的）這句話的意思就是在說，西班牙不屬於歐洲，而是非洲的一部分。

事實上，由於庇里牛斯山的阻隔，西班牙長久以來都被排除在歐洲歷史外，所以不得不走出自己的歷史。至少在中世紀以前，以交通便利性來說，北方的歐洲遠遠不及一衣帶水的非洲。因此非洲各民族越過直布羅陀海峽來到西班牙建國定居，或者離開都很方便。

當然，爭執也從未斷絕，各民族費了一番心力才得以和平共存。就這樣，這裡成為不同民族的熔爐，不同種族都能在此共存並進行文化交流，也為西班牙帶來了「非洲特質」。

不管是非洲還是歐洲，都把西班牙看成是「邊境之地」，但也可以視為是雙方的前線基地。

西班牙的非洲特質並不意味著劣於歐洲，我甚至認為那是一種自豪。這麼說是因為包含非洲、南歐、中東在內的地中海文化圈復興，已成為照亮世界文明未來的一道光芒。

中央台地和乾燥貧瘠的大地

西班牙的地形和地質學特徵之一，就是一半以上的土地都是中央台地（麥西達高原）（圖1-1）。麥西達是標高約七百公尺的高原地帶，觸目所及皆是岩石裸露的紅褐色不毛之地。

這種寸草不生的荒原，在西班牙被多個聳峻山脈——包含擁有數座三千公尺高山的庇里牛斯山和貝蒂柯山脈——環繞，或是被切割，因此長久以來與各地的往來一直都受地形阻礙。

即便有斗羅河、太加斯河、瓜地亞納河、瓜達幾維河、厄波羅河等大型河川，台地水源卻經常斷絕，露出

圖1-1　納瓦拉的巴德納斯．雷爾勒斯國家公園的風景

圖1-2　通過危險路途、運送糧食進城的騾子商隊

乾涸峽谷，河邊的平地也不甚寬敞，並不適合船隻航行。因此河川不但不是交通要道，反而成為阻隔兩地的障礙。所以說，即使想要徒步或是搭乘騾子，穿越有野狼等野獸和盜賊出沒的險惡路途，也並非一件易事（圖1-2）。

西班牙大部分的土地（約八成）都屬於乾燥氣候，全年降雨量稀少，年平均雨量為四百～五百公釐左右。只有半島北部、鄰大西洋的加利西亞到庇里牛斯山一帶是多雨區，年平均降雨量有時會超過一千五百公釐。劇烈溫差在內陸區格外顯著，日夜溫差、年平均溫差都非常大，甚至年度最高溫和最低溫相差五十度的狀況也並不罕見。

農業方面，西班牙北部有被山區森林包夾的狹小農地，是由小規模土地持有者在經營；相反的，南部土地廣大，持有土地的貴族租給佃農，實施粗放農業。內陸的麥西達高原雖然有大型小麥田、葡萄園，可是生產力不高。麥西達高原和山岳地區的畜牧業則很興盛。

夏季有熾熱如火的陽光照射，冬天則必須忍受寸草不生的嚴寒。放眼所及皆是紅褐色又乾巴巴的貧瘠大地，居民僅能勉強種些農作物和放牧，藉以籌得生活資糧，強忍著逆境，帶著看開的心態，與家人及全體村民凝聚成命運共同體。

伊比利半島幾乎被海包圍，所以海岸線很長，這裡有迥異於麥西達高原的田園風光，栽種柑橘類水果或橄欖的梯田等。不過從海岸地區朝內陸走，經過錯綜複雜的峽谷之後，不久便會遇到麥西達高原。

也就是說，麥西達高原支配了整個伊比利半島。我認為這一大片荒蕪的土地，是形塑伊比利半島居民性情的關鍵。荒涼的原野、酷暑和寒冷的嚴峻大自然支配著大地，這種生活令人無法長居久安，醞釀出一個又一個的極端心性。

正是這樣嚴峻的自然環境，成為西班牙人特有的「熱情」泉源。只不過，想要點燃「熱情」，必須要有接下來講述的各個歷史事件所帶來的「刺激」。

伊比利亞的人類史

最早定居在伊比利半島的原始人類，生存年代是距今約四十～五十萬年前的舊石器時代。如同位在西班牙北部坎塔布里亞所發現，距今三萬五千年的阿爾塔米拉洞窟壁畫，他們是發展出穴居文化最早的人類之一，也是現存最早的史前人類壁畫。

到西元前四千年，伊比利亞人和凱爾特人，被認為是在有歷史記載的信史時代之前，就居住在伊比利半島的原住民，他們對後世有非常長遠的影響，在古希臘及羅馬的文獻中，都能看到他們的身影。一開始是屬於閃含語系的伊比利亞人來到這裡，定居在東北部加泰隆尼亞到南部安達魯西亞，也就是半島的東部到南部。伊比利亞人接連帶來了農業、陶瓷、銅與青銅的技術。這個民族跟古埃及和希臘克里特島的邁諾安文明比較接近。

伊比利半島北方的居民則來得比較慢，西元前一〇〇〇年左右才到達。亦即西元前九〇〇年至西元前六五〇年，印歐語系的凱爾特人從中歐向下，跨越庇里牛斯山，來到這裡。他們將故鄉多瑙河的鐵器文化，傳播到當時只有青銅器的半島北部和內陸區。他們的武器與裝備都有幾何圖案和精細雕工，特徵明顯。後來與原先居住在此的伊比利亞人通婚、融合後定居，稱為凱爾特．伊比利亞人。

其他自古以來就存在的，還有建立塔提色斯王國（據稱王國位在瓜達幾維河，有豐富的金屬礦藏）的塔提色斯人，以及已有初期鐵器文明、後來遷居至義大利西北部的利古里亞人。

再後來到西元前八世紀左右，來自非洲的腓尼基人以貿易為目的，在南部安達魯西亞地區定居，建立古代殖民地（加地爾，現為加的斯）。希臘人則稍晚才定居在南部。他們是為了尋找金屬而來，特別是為了錫礦。因為製造青銅時不可或缺的錫，在古代近東是很罕見的。而且因為腓尼基人和塔提色斯王國做生意，所以伊比利半島更加融入地中海文化圈、貿易圈。

之後，腓尼基人和繼承他們的迦太基人，便接連在半島南部興建殖民地，希臘人則是在北部和東部殖民。迦太基人和希臘人在西地中海是敵對勢力，不過不久迦太基人就將希臘人趕出伊比利半島，直到羅馬人在西元前三世紀到來之前，一直是迦太基人獨占地中海西部的交易。

成為羅馬帝國一介行省

羅馬共和國在義大利中部的拉丁姆地區築城，從王政時代進入共和國時代後，西元前六世紀末開始，迅速在地中海南北擴大領土。羅馬給予占領區的居民公民權，但公民有繳稅義務，戰爭時期還必須提供兵力與物資。當然，伊比利半島也成為羅馬共和國重要的進出大海之地。

為了稱霸地中海，羅馬共和國和迦太基開戰，打了三次布匿戰爭（Bella punica），最後獲得勝利，將伊比利半島納為羅馬領土。值得一提的是，迦太基主帥漢尼拔和羅馬西庇阿父子大為活躍的第二次布匿戰爭（前二一八～前二〇一年）成為決定性的一戰，敗北的迦太基除了非洲北岸的本土，還失去了所有的海外領土。

就這樣，伊比利半島成為羅馬領土。這塊稱為「西斯帕里斯」（Hispania）的地區，大約從西元前兩百年開始，有六百多年時間都在羅馬帝國的支配下。不過自從成為羅馬領土後，長久以來，半島北部的加利西亞、阿斯圖里亞斯、坎塔布里亞地區，反覆發生當地人民的叛亂。羅馬派遣的統治者們，利用此處遠離羅馬以及鎮壓叛亂的機會，藉以奪取各種權勢與利益。

到了羅馬共和時期後半段，羅馬的統治機構元老院，決定要更嚴加控管西班牙。也就是說，打算將當地各部族編入羅馬世界及其經濟體系。

而西元前六一～前六〇年，由羅馬將軍兼政治家凱薩負責管理西班牙，而開啟帝政時期的奧古斯都，則是於西元前二六年親自遠征西班牙，打了坎塔布里亞戰，結果使得西元前一九年，整個西班牙都被併入羅馬帝國。

羅馬帝國在奧古斯都之後繼任的弗拉維王朝皇帝們，全都施行讓伊比利半島與羅馬更加緊密的政策。羅馬皇帝維斯帕西亞努斯（Vespasianus）在西元七〇年左右，賦予西班牙境內所有原住民「公民權」，使得西班牙居民獲得與羅馬人通商、通婚的權利。

在多米提安努斯（Domitianus）皇帝治理下，西元八三年，在西班牙各個城市頒布《弗拉維自治市法》，明文詳細規定城市參議會的職責與城市營運的細則。西元二一二年，卡拉卡拉（Caracalla）皇帝進一步賦予行省所有居民「羅馬公民權」。

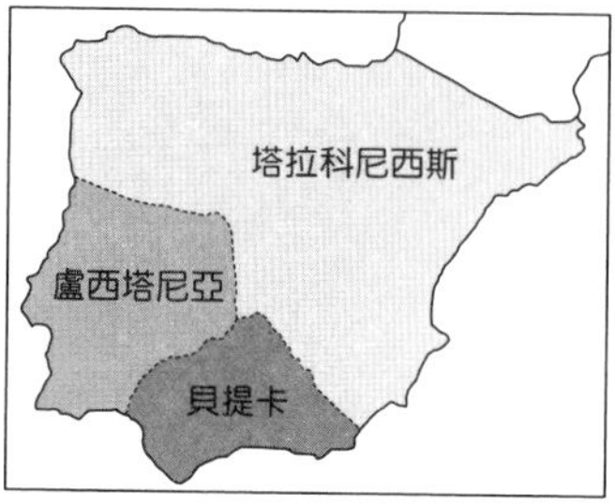

地圖1-1　奧古斯都皇帝時期的西班牙三行省

後來，三世紀末的戴克里先皇帝將屬於羅馬行省的伊比利半島（西班牙）在行政上重組改編。第二次布匿戰爭後，西班牙靠地中海的地區設為兩個行省：「近西班牙」（Hispania Citerior）和「遠西班牙」（Hispania Ulterior），之後奧古斯都將整個西班牙劃分為三個行省（地圖1-1）。到戴克里先時期又重新調整，劃為五個行省，各個行省再區分為多個管區。

西班牙不久便成為羅馬帝國的最進步省。而且有不少皇帝在上任前，都曾當過西班牙的總督，因此在羅馬帝國有一說是：「能征服、占領伊比利半島者，方為人上人」。

城市復興與礦山開發

羅馬帝國將伊比利半島納為行省，想將之轉變為像是義大利半島一樣的文明世界。為此，首先要致力於建設各個地區的中樞「城市」。讓退伍士兵在此殖民，建立城市，以城市為據點，推動行省的統治。除了這種殖民城市，也將羅馬公民權給予一部分的原住民，並給他們所居住城市的自治權。

例如，在西元前二五年建設的城市——艾梅里達·奧古斯塔（現為埃斯特雷馬杜拉的梅里達），就成為西班牙·盧西塔尼亞行省的首府；在西元前一四年建設的阿斯圖里卡·奧古斯塔（現為萊昂的阿斯托爾加），也成為當地的行政中心。

同年建設的凱薩·奧古斯塔（現為亞拉岡的薩拉戈薩），同樣成為中心樞紐，隔年建設的盧克斯·奧古斯提（現為加利西亞的盧戈），成為伊比利半島西北部格拉西亞最重要的羅馬城市。艾梅里達·奧古斯塔·塔拉哥（現為塔拉哥納）、西斯帕里斯（現為

圖1-3　西班牙塞哥維亞遺留的羅馬水道橋

塞維亞）、科爾多瓦（現為哥多華）等，都是人口超過十萬的大城市，其他還有數個居民逼近十萬的城市，其繁榮盛況可見一斑。

城市是人潮聚集、有商人和工人等多種職業的人們所生活的地方，羅馬在興建城市時，是以廣場（Forum）為中心，延伸出棋盤狀的道路。廣場有神殿和議會場地，其他開闊的地方還會設置圓形競技場或公共浴池等設施。另外為求生活和通商便利，還開通渠道和搭建橋樑——規模大的，在西班牙就有三十座——以及修築保障安全的城牆，甚至連通往城外的道路等，都有進行維修（圖1-3）。

凱薩和奧古斯都等人所開拓的馬路四通八達，其中奧古斯塔從伊比利半島南端的加的斯，沿著瓜達幾維河，從地中海岸北上，在南法的拿邦與多米提安相連。

西班牙成為其他羅馬行省的先驅，自治城市快速發展。民事裁判依循羅馬法律，市議會和行政官員的任命等，也全都依照羅馬的制度來執行。還有，伊比利半島自羅馬時期開始便開發礦山。礦山多達約六十座，開採出金、銀、銅、鐵、鉛、鋅、錫、汞（水銀）。不過為數眾多的礦山全都屬於羅馬皇帝所有，因此西班牙無法從中獲利。

農業當然也有發展。原住民各族長一旦歸順羅馬，就能獲得保護並成為擁有龐大領地的地主。從別處調派來的官吏也都努力致富、獲得農地，這些人成為這個地區的領導階層。小麥等穀類、橄欖油、葡萄酒等，以西班牙東部、南部為中心，利用溫暖的氣候大量生產，甚至有多餘的農產品可對外輸出。另外，西班牙的魚醬（Garum）也是羅馬美食家垂涎的珍饈，其餘海產會用鹽醃製後出口。畜牧方面則是在加利西亞和坎塔布里亞沿岸格外興盛。

西班牙幾乎有六個世紀都受到羅馬帝國支配，之後還有西哥德、伊斯蘭勢力的侵略。不過，對於羅馬遺留下來的元素，後來入主的西哥德和伊斯蘭不但未加以摧毀否定，反而還吸納模仿，演變成符合當時的型態。這種情形不單單只發生在西班牙的農業及創建城市等方面，更包含了下面要探討的文化要素。

語言和宗教的統一

在伊比利半島的歷史中，最具有羅馬元素——亦適用整個歐洲——歷經中世紀，甚至直到近代都難以擺脫其影響。以納入古羅馬統治為起始，西班牙歷經伊比利亞人、凱爾特人等部族割據的時代，最後終於達成文化和制度上的統一。接下來，讓我們看看羅馬文化的主要貢獻。

首先是語言。最重要的就是引進拉丁語成為西班牙各省的官方語言，廣為傳播。拉丁語的流傳，使伊比利亞半島語系發展出一種通俗拉丁語，即卡斯提亞語，成為人民日常生活中溝通和思考的工具。因此，要說十三世紀以後的卡利斯提亞人是以羅馬人創造生成的邏輯概念來思考，也未嘗不可。

第二當然就是基督教。從西元一世紀開始傳進羅馬的基督教，儘管被鎮壓卻還是傳遍羅馬帝國各地，終於在西元三一三年獲得承認。西班牙（伊比利半島）從羅馬時代末期開始，就比其他國家和地區都還要擁護基督教，並以此而聞名。四世紀初始的大公會議（主教等教會代表人物齊聚一堂，協商教義、信仰生活等的會議），在西班牙艾維拉（現為格拉納達）、薩拉戈薩、托雷多舉辦，直到西哥德時代還繼承這項傳統，大公會議依然聚集在西班牙（托雷多）舉辦，就這點來說是意義深遠。

第三必須要提到的，就是羅馬法律。早在奧古斯都皇帝時代，就有超過一百個西班牙城市（人口總數將近三十萬人）適用羅馬法令。在一世紀後半的維斯帕西亞努斯皇帝時代，當地仕紳階級也被賦予羅馬公民權，並成為新的統治階級。羅馬法律除了沿用至後來的西哥德王國，甚至中世紀以後都還是立法的中心，司法制度的建構也都是以羅馬法律為基礎。

剽悍的個性

最後，這一節要介紹伊比利半島居民置生死於度外的生活態度，這從羅馬時代開始就十分出名。

古羅馬歷史家李維曾在《羅馬史》中記載，厄波羅河北岸的伊比利亞人在即將被敵人攻陷，要求放下武器時，展現了剽悍的個性，他們表示，沒有武器的人生根本毫無意義，接著就全部自殺了。高盧人龐培烏斯·特洛古斯也在《菲力普比史》第四十四卷中，評價西班牙人民具有「視死如歸的靈魂」。著有《博物誌》的著名羅馬學者普林尼，曾擔任西班牙塔拉科尼西斯的皇帝代理人，他稱讚伊比利半島居民對工作有熱忱，擁有強健身體和熱情的氣質。

這想必就是西元一～二世紀所廣泛流布的羅馬斯多葛學派（代表性哲學家辛尼加出

生於西班牙哥多華），特徵是要求克己修身、恬淡寡慾、甘於服從命運等。其理論和伊比利半島的自然、風土起化學反應後，成了沉澱在西班牙人民心中的哲學。

古西班牙人必須隨時做好赴死的心理準備，堅信與其苟且偷生，更該重視死後榮譽，他們對生命的這種熱情，與中世紀、近代西班牙人的形象一致重疊。

西哥德時代及其遺產

羅馬五賢君時代（九六～一八〇年）末期，羅馬帝國開始展現凋敝氣息，在三世紀的時候，不斷受到外敵入侵。

二六四～二七六年，日耳曼民族的一支法蘭克族，越過庇里牛斯山入侵加泰隆尼亞，侵襲西班牙。另一方面，南方則有來自非洲的摩爾人（以馬格里布地區為主要活動範圍的阿拉伯、柏柏裔居民）入侵安達魯西亞。

之後羅馬的秩序逐漸恢復，但城市還是受到影響而衰退，整個西班牙（行省）最後逐漸走向農村化。

日耳曼民族在五世紀初第二波入侵西班牙，游牧民族越過庇里牛斯山而來。其中的蘇維匯族占領格拉西亞，阿拉尼族占據西部盧西塔尼亞，汪達爾族分據格拉西亞和南部的貝提卡，他們成為羅馬的「同盟國」，獲得土地並負責保衛帝國。

四一五年之後，西哥德族在伊比利半島擴張勢力，趕走許多日耳曼部族，並於四一八年建國，與還留在半島的蘇維匯族繼續征戰。西哥德的尤里克王（四六六～四八四年在位），對西北部的蘇維匯王國虎視眈眈，最後奪得整個半島，並獲得羅馬皇帝朱諾的承認（四七七年）。

儘管西哥德王國無法阻止城市衰退和半島的農村化，但他們以土魯斯（現為法國西南部城市）為據點，並與羅馬締結同盟，向羅馬文明致敬，拚命努力挽回其榮耀。

為此，西哥德編纂《法典》成為必要之務。這部《法典》規定拉丁人與哥德人一律平等，經不斷升級修改而編成。五世紀後半，尤里克王時代編纂而成的成文法律《尤里克法典》中規定了土地所有權、主從關係等，且適用於西哥德王國境內的日耳曼裔居民。亞拉里克二世在位的西元五〇六年，則精簡了羅馬法，編制成適用於羅馬裔居民的《亞拉里克法律要略》。

在那之後，法律又經過幾度修改。六五四年，雷卡斯文王（六五三～六七二年在位）頒布了《法律大權》（*Liber Iudiciorum*，西哥德法典），由於受到東羅馬帝國《查士丁尼法典》影響，因此訂定了適用兩個民族的法律。

在這部法典中，包含了法律的運用和訴訟程序、民法、刑法、有關異教徒的法令、奴隸、解放奴隸相關法令等，之後經屢次修改。即使在七一一年西哥德王國滅亡後，依然繼續承襲、實行到中世紀末，此法典即稱為《西哥德蠻族法》（***Fuero juzgo***）。

西哥德時代，天主教也戮力於世俗政治，而主要的關鍵就是舉辦「大公會議」。雷卡雷德王時代（四〇〇年）召開了第一屆托雷多大公會議。在五八九年召開的第三屆托雷多大公會議中，整個王國從異端的亞流教派，改信為天主教，更強化了王國與教會兩者的關係。

後來第四屆托雷多大公會議，更宣布教會整合，整個王國——包括哥德派和拉丁派——全都奉行同樣的儀式、讚美詩歌和戒律。

西哥德時代，在托雷多一共召開十六次大公會議，強化了審議世俗事務的王國會議的性質。

六世紀的西哥德王國，人口以羅馬裔居民（約四百～六百萬人）占絕大多數，哥德人（約二十萬人）雖是統治者，人數卻很少（地圖1-2）。西哥德的權貴人士，也就是貴族，頂多才三百多戶，卻擁有大半土地，在王國內地位崇高。從七世紀後半開始，甚至高階聖職人員都是哥德人擔任。

然而，此時的政治情勢卻不是很穩定，每一任國王不是被暗殺，就是被罷黜。除了東羅馬帝國入侵以及割讓安達魯西亞（五五四年）之外，半島各地經常發生叛亂，最後是由利奧維吉爾德王（五六八～五八六年在位）平息一切。這位國王行使強權，全力肅清敵對派，並定都於托雷多，甚至為了提升國王的權威，改變了國王的服裝與王座，並鑄造刻有自身肖像的貨幣。

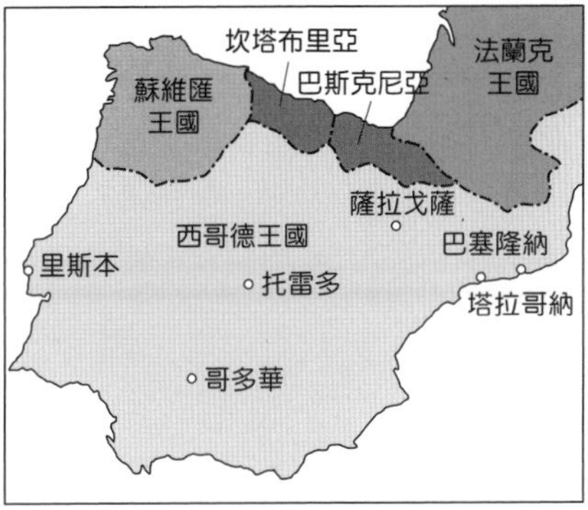

地圖1-2　六世紀前半期的伊比利半島

西哥德與教會合作，但為了明確主張王國的神聖性，接連公布反猶太人的法律，從這一點可以窺見玷汙西班牙史的一些見不得光的要素。

事實上，在五八九年的第三屆托雷多大公會議之後，就不斷出現反猶太人的規定，到了七世紀末，甚至強迫猶太人改信，並以沒收財產作為懲罰，還有鞭刑一百下，禁止世襲官位，不得在法庭發言等。埃吉卡王在六九四年召集的第十七屆托雷多大公會議上做出決定：「在西班牙的所有猶太人須永世為奴。」

七世紀時期，西哥德頻頻面臨黨派相爭、貴族圖謀不軌、佃農凋零、地方叛亂等。七一〇年，維提扎王駕崩，此時非洲的伊斯蘭勢力柏柏爾人，看準西哥德起了王位之爭，於是橫渡直布羅陀海峽前來攻打，旋即席捲整個半島，並於七一一年輕而易舉地滅了西哥德王國。

塞維亞「聖師」依西多祿

西哥德時代的西班牙，誕生了一位傳承古文明精華的偉大學者。他被喻為古希臘羅馬的智慧寶庫，將龐大知識編纂成《詞源》。此人就是塞維亞的依西多祿（St. Isidore 五六〇／五七〇～六三六年）（本章開頭圖片），世人尊稱他為聖師。

依西多祿生於西班牙東南方莫夕亞地區，是卡塔赫納的望族，從六〇一年到六三六年，他都擔任西哥德王國主要城市塞維亞的大主教。在位期間，他建立塞維亞的主教座堂學校，致力培養神職人員，而且也協助讓許多亞流派的西哥德族，皈依正統教義派（阿塔納西烏斯派，即基督教）。

他身為大主教，使得西哥德王國的基督教信仰堅貞無法動搖，以期讓文化更加接近古羅馬帝國。依西多祿利用塞維亞書籍豐富的圖書館，以及大量的寫字員，累積龐大的知識，賦予教會豐厚的知識基礎。

他留下許多著作，從關於《聖經》、神學的書籍，到以歷史、宇宙論、文法等主題的書籍，包羅萬象。這些大作集合起來，就是總計二十集的《詞源》。《詞源》分為四百四十八章，分析眾多詞語的「語源」，透過解釋各種事物的起源與目的，使失傳中的古文化能夠延續下去。

這樣的巨作雖然沒有太大的獨創性，其中還有不少過時、搞錯年代，或因為詞語發音類似而曲解意思的情況，然而卻是綜合了古希臘羅馬智慧的大作，帶給中世紀的知識分子莫大的影響，這點是不爭的事實。因此人們尊稱他為「最後的古代教師」。

第 2 章

再征服運動的時代

——8世紀～15世紀——

因聖母瑪利亞奇蹟而皈依的猶太人

西哥德王國被伊斯蘭勢力滅亡後，伊比利半島正式備齊了孕育未來西班牙歷史的各種要素。

也就是說，除了充滿熱度的基督教擴張運動，還有表面上一直在互相抗衡的伊斯蘭文明和猶太文化。這些異文化的交流，雖然在政治與社會上嘗試融合，但更展現出對立的風貌。

伊斯蘭時代的西班牙

西班牙進行羅馬化，經過三世紀，統治伊比利半島的西哥德王國在西元七一一年突然滅亡。

事實上，自六三〇年開始，阿拉伯半島的阿拉伯人，為了往東西強力擴張版圖，北非的伊夫起亞（以突尼西亞為主的地區）總督穆薩·伊本·努賽爾，就派遣柏柏人馬瓦里（受庇護者）塔里克·伊本·齊亞德將軍到伊比利半島，率領精銳部隊七千人，越過直布羅陀海峽登陸，在加的斯附近，大敗西哥德羅德里克王軍。失去戰意的諸侯於是接連投降。

派遣塔里克進軍的總督穆薩，因為這場壓倒性的勝利而獲得權力，也親自帶著主要為阿拉伯人的一萬八千名士兵進攻半島，接連攻克塞維亞、梅里達等地，再和塔里克分別奪下格拉納達、巴塞隆納、塔拉哥納等主要城市，不到三年的時間，就將伊比利半島全境的主要城市全部收歸控制。

在伊比利半島得到的伊斯蘭領地，被歸入哈里發（意為穆罕默德的繼承者，是伊斯蘭社會最高領導者）轄區內的艾米爾（總督）領地，並命名為「安達魯斯（Al-Ándalus）」。此地居民大多都是西哥德裔的「莫札勒布」（在伊斯蘭統治下的基督徒）和「穆拉迪」（改信伊斯蘭教的人），前者要繳交吉茲亞（人頭稅）獲取自治和信仰的自由。可是一小撮的阿拉伯人統治者，和為數眾多的柏柏人之間相互對立，北阿拉伯族和南阿拉伯族也互相敵對，再加上阿拉伯人與敘利亞人反目等等，境內曾混亂過一段時間。

在這段期間，地中海東部的伊斯蘭世界正風起雲湧，阿拔斯家的阿布·穆斯林崛起，並在七五〇年攻陷大馬士革，使得伊斯蘭歷史上第一個世襲王朝——奧米雅王朝的哈里發馬爾萬二世，在埃及被殺死。就這樣，阿拔斯王繼承落幕的奧米雅王朝，掌握了統治權。

不過，奧米雅王朝出身的阿卜杜拉赫曼一世（七五六～七八八年在位），在柏柏人

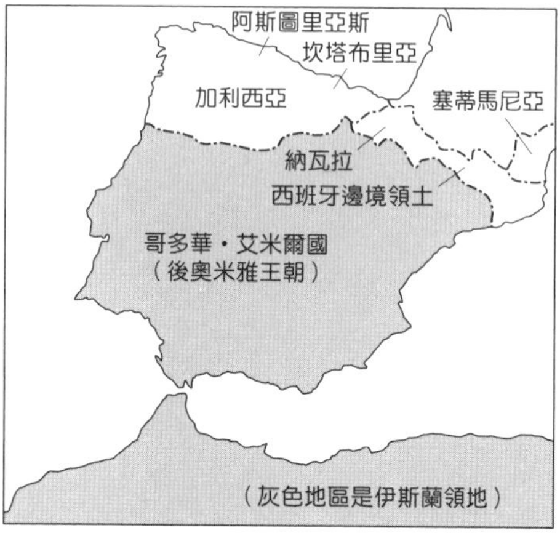

地圖2-1　9世紀初伊斯蘭時代的西班牙

的藏匿下，千里迢迢逃到西班牙，擊敗安達魯斯總督，不到數年時間，就在哥多華建立了獨立的大公國。這個新奧米雅王朝，被後世稱為「後奧米雅王朝」（地圖2-1）。

擔任第八任艾米爾（總督）的阿卜杜拉赫曼三世（九一二～九六一年在位），在西元九二九年自稱為「哈里發」，對抗衰退中的東方阿拔斯王朝。這位國王平定了穆拉迪貴族所造成的許多動盪和叛亂，並統整阿拉伯人、柏柏爾人、穆拉迪三者，成為安達魯斯人。

這個王朝所率領的人民，大多都是柏柏爾人，而且還和狹窄的直布羅陀海峽對面的非洲（馬格里布）地區柏柏人連成一氣、互相合作，調整行政財政機構，並派出軍隊遠征半島上尚未被征服的地區。然而其中半島的西北部始終無法被納入統治，那裡還有阿斯圖里亞斯王國苟延殘喘著。這個小小的王國，將是後段要講述的基督教勢力再征服運動的起點。

後奧米雅王朝的統治，一開始很寬容，允許基督徒和猶太人（齊米）這些「有經者」——跟穆斯林教徒一樣是一神信仰且具有宗教經典的信徒——的信仰，他們也可以出任公職。

但是隨著伊斯蘭化的推動，寬容的體制逐漸變質。雖然九世紀之後仍信仰基督教的莫札勒布人數減少，許多人都改信伊斯蘭教（成為穆拉迪），可是他們所受的待遇還是不如原本的穆斯林。而且，基督徒們逐漸開始反抗國家，他們強化信仰壓力，並進一步散布詆毀先知穆罕默德（伊斯蘭教創始人）或伊斯蘭教，然後以身殉教。基督徒的「殉教運動」於是成為一種抗爭手段。

正如下一個要談到的主題一樣，後奧米雅王朝確實曾擁有進步的文化，但西元一〇〇〇年以後，安達魯斯的繁榮就蒙上了一層陰影。

在希沙姆二世（九七六～一〇〇九年、一〇一〇～一〇一三年在位）時代，宰相曼蘇爾（九三八～一〇〇二年）曾對基督教勢力進行數十次軍事遠征，並獲得極大成果，同時進一步掌握實權，和他的兒子們一起讓哈里發成為傀儡。

曼蘇爾生於低階貴族，因此和奧米雅家等阿拉伯的傳統貴族階級對立，在這段期間，民族對立和地方叛亂頻繁發生，後來連哈里發制都被廢止。一〇三一年，哥多華終於被新興的柏柏爾人所侵略。結果，後奧米雅王朝滅亡，安達魯斯統一的政經和繁榮的文化也跟著走入歷史。

後奧米雅王朝時代的文化

屬於伊斯蘭的後奧米雅王朝時代，各種文化互相交流，在伊比利半島誕生了璀璨又獨特的文化果實。特別是首都哥多華，在阿卜杜拉赫曼三世和哈卡姆二世（九六一～九七六年在位）的治理下，東方伊斯蘭世界與安達魯西亞獨特的文化傳統交流融合，造就卓越的文化盛況。

從北非摩爾人的故居運來歐洲所沒有的物產——米、甘蔗、柳橙、無花果、棉花等。運用伊斯蘭的技術灌溉農地、開採礦山、紡織、陶器、武器、玻璃、造紙、皮革等產業，也都在城市中蓬勃發展，並藉著地中海的繁榮地區與伊斯蘭國之間進行貿易。王國和別墅裡的漂亮噴水池、噴泉、柏樹、朱瑾、九重葛鮮艷的花卉，成為當時明亮又華麗的文化象徵。

哥多華有六百座清真寺，安達魯斯大大小小的清真寺則據稱將近有四千座。現今哥多華的主教座堂（清真寺）是最大的伊斯蘭建築古蹟之一。此一主教座堂建成於七八六年，由後奧米雅王朝的阿卜杜拉赫曼一世開始建設，再經由繼承者們三度擴建。主教堂座占地兩萬三千平方公尺，僅次於麥加的清真寺，裡頭有十九個中殿，八百五十根以上的大理石圓柱，柱子頂端還有許多不同樣式的造型，上方則是使用交互重疊的磚瓦與白石，堆砌出宛若在空中起舞般輕盈飛舞的雙色馬蹄形拱頂建築。

拜占庭藝術家所建造的米哈拉布（清真寺禮拜殿後牆正中間的神龕）周圍的圓頂屋頂，由反射窗戶光芒而顯得壯麗生輝的馬賽克加以裝飾。這個清真寺是由卡斯提亞王國的斐迪南三世於復國運動（後述）後，於十三世紀改建為主教座堂。

圖2-1　特魯埃爾的聖薩爾瓦多教堂塔

「穆德哈爾建築」（圖2-1）的建築樣式，融合伊斯蘭和基督教的要素，以互相支撐的馬蹄形拱頂建築為特徵。這不僅是眾多教堂的形式，數萬棟貴族宅邸也是依此樣式搭建。除了哥多華，塞維亞、格拉納達、瓦倫西亞等地的街道上，也矗立著同樣色彩鮮艷的拱門裝飾美麗建築物。

清真寺同時是宗教、智慧、藝術的中心。哥多華的大學不分宗教，接納了數千名學生，傳授當時世界最先進的醫學、法律、文學、數學等知識。稱為瑪利基法學派的法學家團體所作的律法研究，曾經盛極一時，當然自然科學領域方面也大為提昇，希臘哲學被譯為阿拉伯語，然後傳進西班牙，再經由當地的猶太人和穆斯林譯為拉丁文。

另一個值得一提的重點，就是興建圖書館。那是此前歐洲未曾有過的巨大圖書館。哥多華有七座圖書館，藏書量高達四十萬冊，其中大部分是阿拉伯文或宗教相關書籍，不過也有古希臘語作品。

文學方面的革新更是令人瞠目結舌。在大量著重修辭技巧的情歌，和描寫大自然的歌謠中創造出了稱為「腰帶飾條之歌（慕瓦夏哈）」的新體裁，是以原本的頌歌體裁為基礎，顛覆了古典阿拉伯語的規範，重新製作出複雜又精密的韻律。

莫札勒布（在伊斯蘭統治下的基督徒）在語言與文化方面，逐漸和穆斯林有了共通處。這些使用阿拉伯語，熱愛阿拉伯藝術與學問的人們，促進了伊斯蘭文化和基督教文化之間的交流。

再征服運動的過程

接著，來看看基督教勢力的動向。

基督教勢力雖被逼到伊比利半島北方，但不打算永遠坐視伊斯蘭勢力繁榮興盛。他們很快就展開反攻，並在西元七二二年於哥多華取得勝利。在半島西北部，由先前提到的阿斯圖里亞斯和萊昂打頭陣，緊接著是納瓦拉，然後是卡斯提亞接手，成為主要的推動者。

從這個時代開始，大約花了八百年的時間，基督教從穆斯林手中奪回整個伊比利半島，這場征服戰爭就稱為再征服運動。

阿斯圖里亞斯由西哥德王國最後一任國王羅德里克的遺臣佩拉約（七一八～七三七年在位）所建立，他被拱上王位後，開始對抗伊斯蘭，到了第三任國王阿方索一世（七三九～七五七年在位）則趁著安達魯斯內鬨，再征服，並將當地的莫札勒布收為臣民。就這樣，基督教勢力在萊昂南部和納瓦拉以及亞拉岡的高地溪谷，建立起獨立據點，並加以組織化，到了八世紀後半，進一步合併加利西亞，以居民為主體向安達魯斯西部挺進，進而揮軍前往斗羅河。

之後，阿方索三世（八六六～九一〇年在位）推進南下，擴張政策，隔著斗羅河和厄波羅河與伊斯蘭勢力對峙。當時也讓許多基督徒（大多是莫札勒布）在這些地區殖民，建立許多要塞。

九一〇年，在加西亞一世（九一〇～九一四年在位）的統治下，阿斯圖里亞斯王國的首都，從位在山區間的奧維耶多遷至平地的萊昂。這是復國運動的第一據點。加西亞一世的弟弟奧多尼奧二世，接下加利西亞國王之位（九一四～九二四年在位），並於九一四年繼任為萊昂國王。

另一方面，納瓦拉王國在八五二年建立於伊比利半島東北部庇里牛斯山腳下，在桑喬三世（一〇〇四～一〇三五年在位）的時代蓬勃發展，也在復國運動中掌握了主導權。納瓦拉接收了亞拉岡伯爵領地和卡斯提亞伯爵領地後，掌握了庇里牛斯山一帶的宗主權，將萊昂王國置於保護傘下。

然而，桑喬三世過世後，納瓦拉王國便一分為三，兒子（次子）斐迪南一世（一〇三五～一〇六五年在位）成為卡斯提亞王國的第一任國王，庶子拉米羅一世則是亞拉岡王國——亞拉岡和加泰隆尼亞結盟為亞拉岡王國（一〇三五年）——的第一任國王，長子加西亞三世（一〇一二左右～一〇五四年在位）則繼承了納瓦拉王國。

卡斯提亞和埃斯特雷馬杜拉王國周圍都是廣大的無主荒蕪土地，主要是被自由與特權吸引而來的巴斯克人和坎塔布里亞人再度殖民，因此產生了享受有利條件的自由農民。這些高級農民由伯爵直接封賜土地，而且可以成為享有免稅特權的「平民騎士」。

這裡原本是萊昂王國東部邊緣地帶，以布爾戈斯（Burgos）為中心的伯爵領地聚集地區，但是被萊昂國王任命為伯爵、統領整個卡斯提亞的費爾南・岡薩雷斯（九三二～九七〇年在位），技巧性地在雷昂王國和納瓦拉王國之間擺盪，後來在有姻親關係的雷昂國王拉米羅二世的許可下獨立。之後又幾經曲折，這塊伯爵領地最後成為納瓦拉國王桑喬三世的領土，由斐迪南一世繼承稱王。

加上卡斯提亞，斐迪南一世還獲得了納瓦拉國王過去所統治的萊昂王國。一〇三七年，強大的卡斯提亞（即雷昂王國）誕生，並開始強力推動再征服運動。

斐迪南一世的兒子阿方索六世（一〇六五～一一〇九年在位）經過一番兄弟鬩牆，繼承了分裂的卡斯提亞、萊昂、加利西亞，並迫使亞拉岡和納瓦拉臣服，在一〇八五年從伊斯蘭勢力手中奪回軍事要塞托雷多。就這樣，從斗羅河畔到太加斯河流域，全都收歸基督教勢力底下。緊接著基督教勢力在中央台地（麥西達高原）創立了多個自治城

地圖2-2　第一次泰法時代的伊比利半島〔改自《熙德之歌》（エル・シードの歌）長南實翻譯，日本岩波文庫，一九九八年出版〕

市，掌管服從城市裁判權的周圍農村地帶（地圖2-2）。

阿方索六世和繼任的阿方索七世都實施寬容政策，因此基督徒、猶太人、穆斯林不管在商業還是文化上都互相交流並共存。透過這樣的交流，托雷多成為文化和學術的中心。特別是在托雷多人數超過七萬人的猶太人貢獻頗大。猶太人的共同體享有特權及自治權，在政治、學術、專業上都受到禮遇，在社會生活與城市維護方面，猶太人也發揮了領導力。

一一五七年，卡斯提亞（即萊昂王國）分裂，不過由於卡斯提亞國王的女兒與萊昂國王生下的斐迪南三世，在一二三〇年繼承了兩國的王位，因此兩國再度成為聯合王國——之後就不再分裂——進而誕生了新的卡斯提亞王國。

再征服運動第二階段的發源地是「西班牙邊境領地」，地理位置位於法國接鄰的地中海沿岸，也就是庇里牛斯山東部和厄波羅河之間的區域。這裡可以說是法蘭克王國與伊斯蘭勢力之間的軍事緩衝地帶，這是法蘭克王國國王查理曼大帝和兒子虔誠者路易一世，在七九五～八一一年煞費苦心所設置。查理曼大帝給予入主無主地、荒蕪地的農民優待以及特權，獲得小塊自有地的農夫就成為自由農民，支撐著統治當地的伯爵權力。

進入一〇世紀後，隨著法蘭克王權弱化，以巴塞隆納伯爵為主的加泰隆尼亞各個伯爵，都相繼提高了自主性。在一〇〇一年討伐伊斯蘭勢力的哥多華遠征中，幾乎此區域的所有伯爵和主教都有參與，復國運動的浪潮也延伸至此。

同樣在十一世紀，原本位在哈卡周圍、屬於伯爵領地的亞拉岡，因參與庇里牛斯山西部的復國運動，功績獲得認可，所以晉升為王國。

爾後，亞拉岡和納瓦拉組成聯盟（一〇七六～一一三四年），一一三七年，巴塞隆納伯爵拉蒙·貝倫格爾四世和亞拉岡的公主聯姻，建立了「亞拉岡聯合王國」，加泰隆尼亞因此脫離法國獨立。不僅如此，在阿方索二世（一一六二～一一九六年在位）的時代，南法地區大多併入亞拉岡聯合王國的勢力範圍。

至於現在的葡萄牙所在地區，在當時又是如何呢？那裡本來是屬於卡斯提亞推進再征服運動的加利西亞延長線上，不過一〇九六年，勃艮第出身的騎士恩里克，在卡斯提亞的阿方索六世分封下，於葡萄牙郡（斗羅河以北之地）成為伯爵，和南部的科英布拉伯爵共同治理。

後來他的兒子阿方索·恩里克在打敗穆拉比特王朝後，接著與卡斯提亞國王交戰，不過因為有羅馬教宗居中斡旋，最後在西元一一四三年獨立成為葡萄牙王國。

之後葡萄牙主動推動再征服運動，仰賴英軍及聖殿騎士團的幫助，越過塔古斯河（太加斯河），擴張版圖。一二九七年，葡萄牙確定了和卡斯提亞之間的國境。後面的章節會提到，在一五八〇年，西班牙國王菲力普二世強行合併了葡萄牙，成為共主邦聯，直到一六四〇年，葡萄牙才再度「獨立」。

封建制度的滲透

以上的說明已有所簡化，不過在中世紀西班牙的國家體制歷史中，除了有伊斯蘭和基督教的對立，基督教各王國的分分合合也都各有緣由，有時互相攻打，有時成為聯合王國，也有王國把領土擴展到地中海另一邊，情況相當複雜。

但不管哪一種，在八世紀以後的伊比利半島北部，基督教勢力雖然分成多個「王國」，但彼此總會互相幫助合作，持續推動再征服運動。除了前面提到的邊境領地、加泰隆尼亞伯爵領地，其他王國的根據地（加利西亞、坎塔布里亞、阿斯圖里亞斯等）都屬於山區。

另一方面，伊斯蘭勢力則是採取進攻同時防範的策略，遏止基督教勢力南移，並在十二世紀全力反擊。雙方的聖戰思維就此發揚光大。在這當中，若要形容西班牙人的特徵，應該就是充滿戰鬥意志和冒險心，同時熊熊燃燒著榮譽感。再征服運動可說是熱情的熔爐啊。

那麼，著眼於再征服運動的西班牙基督教各國，又有著怎樣的政治與社會體制呢？

基本上這個問題可以著眼於兩點來看──「治外法權」和「封建制度」。

這個地區在歐洲史上最值得大書特書的，就是萊昂與卡斯提亞於十一世紀初開始提出最早的授權自治法（地方特權法）。所謂的授權自治法，就是國王或貴族、主教，給予特定城市、鄉鎮自治特權，不過裡頭還包含了承認自古就依靠森林、山區、湖泊、牧場而活的居民一切傳統權利、義務、習慣等。

這是在再征服運動的過程中，為了加速殖民、定居征服地區而給予的特權，之後到了十四世紀，共頒布了將近八百次自治法。這個過程完全是針對西班牙多樣化的特徵，因而產生較為柔性的法律、行政制度。只不過因為並不統一，因此不免帶來削弱國王權威、權力的副作用。

再來要談到歐洲大部分從八、九世紀到十三世紀左右都實施的「封建制度」，這可說是歐洲社會最基本的架構。簡單來說，封建制度就是藉由「封地」這種授予土地的行為，來彰顯主從關係，基本上是結合羅馬帝國末期的賜地制度和日耳曼人的親隨制度而成。家臣有義務要對主君忠誠，善盡服兵役和給予忠告的義務，而主君除了賜封家臣，還有義務保護家臣家族。

在西班牙，亞拉岡聯合王國（特別是加泰隆尼亞）受到來自法蘭克王國加洛林王朝的法制影響，十一世紀中葉封建制度深植人心，從國王到騎士（小貴族）都不例外，但是身為家臣的貴族階層卻不太有效忠伯爵的意志，經常將受封的土地視為自有地。在卡斯提亞，這種情況更是嚴重。

卡斯提亞有三種類型的「賜封」。第一個是「領地」，也就是城市、鄉鎮還有土地。這種封邑通常伴隨著提供軍事服務；第二是「金錢」，國王將非自己旗下的領地給予原本的舊貴族（可追溯到西哥德的土地貴族），作為年金支付；第三個是「榮譽」，授予伯爵領地或侯爵領地。第一種賜封僅限國王、舊貴族、高階神職人員授予尚未成為家臣的人，第二和第三種則是隨時都可以取消。

這個制度在卡斯提亞有個特徵，就是「封賜」可以由父親傳給兒子，再分割給多個子孫。另外，跟其他地區迥然不同的要點是，家臣隨時可以解除主從關係，另外選擇其他主君。封建的主從關係在卡斯提亞通常是暫時的，因此家臣的意志格外受到尊重。也就是說，貴族就是各個領地的小王，有很大的力量、權力。

這就是先前所提到的「授權自治法」型態，也可視作以地方為據點的貴族，長期壟斷地方政治的遠因。

泰法（穆斯林小國）割據

一〇三一年，最後的哈里發——希沙姆三世被廢黜，後奧米雅王朝滅亡解體。接著出現超過二十個稱為泰法的伊斯蘭小王國，彼此之間互相敵對。

這些原本跟首都哥多華有著緊密關係的城市做出了「獨立宣言」（第一次泰法時代）。安達魯斯人（塞維亞、托雷多、薩拉戈薩王國）、新柏柏人（格拉納達王國），以及稱為薩卡里巴的斯拉夫人為首的歐洲人奴隸（瓦倫西亞王國），都各自建立了王國（摩爾王國）。

泰法之間基本上是各懷鬼胎，因此戰亂不斷。當然，基督教勢力就利用他們的分裂持續南下推進。

但泰法諸國的國王與艾米爾（總督）與其說是基督教國家的敵人，倒更像是互相合作的同盟。泰法向基督教國家支付名為「帕里亞」的軍稅，以求獲得保護，並攜手與鄰近泰法的各國對戰。不過聖戰觀念逐漸強化的基督教國家，沒多久便視所有泰法為一丘之貉，並開始與之敵對。

泰法各國中以塞維亞的力量最強，曾暫時掌握霸權。不過到了十一世紀末，塞維亞因為跟基督教國家的對峙加深，後來就一直居於劣勢，一〇八五年，前面所提到「卡斯提亞的阿方索六世」奪占了托雷多。

以塞維亞王穆塔米德為首，盤據於半島南部的各個泰法國王，在絕望之下向北非馬格里布的穆拉比特王朝求救，於是一支大軍進入了西班牙，幫助協防泰法諸國。

從穆拉比特王朝到穆瓦希德王朝

一〇八六年，穆拉比特的艾米爾優素福．伊本．塔什芬（一〇六一～一一〇六年在位）在巴達霍斯附近給予阿方索六世的軍隊毀滅性打擊，到了一〇九一年則接連攻陷哥多華和原本同盟的泰法諸國。於是安達魯斯被穆拉比特王朝占領，與馬格里布和撒哈拉沙漠的領土合而為一。

之後來到十二世紀初，伊斯蘭勢力對抗基督教勢力節節勝利，連托雷多周圍的太加斯河都被納入穆拉比特王朝的版圖。提供軍力的就是歸順穆拉比特王朝、失去自身小王國的柏柏人各部族。

不過到了一一三〇年，卡斯提亞（萊昂王國）阿方索七世，率領大規模遠征部隊發動猛攻，被伊斯蘭教統治的哥多華、塞維亞都陷入危機。再加上安達魯斯的人民對統治者的反感日益高漲，最後哥多華等地都發生了反穆拉比特王朝的暴動。

身為齊米（在伊斯蘭政權下被保護的非穆斯林有經者）的猶太人及基督徒，即便在國家分裂的時代，仍在哥多華等地創造出融合阿拉伯文化的學識及藝術，不過他們也厭惡穆拉比特王朝的高壓政治，因此搬遷到基督教國家。到了十二世紀中葉，穆拉比特王朝弱化後，迎來了諸小國林立的「第二次泰法時代」（一一四七～一一七〇年左右）。

此時柏柏人建立了新的王朝——穆瓦希德王朝（一一三〇～一二六九年），勢力從北非廣達安達魯斯延伸，並在一一四七年征服馬拉喀什後，消滅了穆拉比特王朝。穆瓦希德王朝沒多久就讓大部分第二次泰法時代各王國臣服，並從一一七〇年代開始鞏固統治權，征服瓦倫西亞王國，還在一一九五年於阿爾科斯打敗卡斯提亞（萊昂）國王阿方索八世。由於穆瓦希德王朝是基本教義派，認為神是至高無上的唯一存在，非常重視神，因此完全不跟莫札勒布（在伊斯蘭支配下的基督徒）妥協，甚至迫害基督徒。

不過，到了十三世紀前半葉，柏柏人和安達魯斯人（說阿拉伯話且自認為阿拉伯人的安達魯斯穆斯林）頻頻發生權力鬥爭，導致穆瓦希德王朝的內部分裂。

一二一二年，在拉斯納瓦斯．德．托洛薩會戰（後面章節會詳細提及），阿方索八世獲得基督教各國國王的援助，進而戰勝伊斯蘭軍隊，此時安達魯斯人的不滿終於爆發，掀起反穆瓦希德統治的運動。

一二二八年，安達魯斯和馬格里布兩地斷絕關係，進入莫夕亞王國、瓦倫西亞王國、格拉納達王國等群雄割據的「第三次泰法時代」（一二二八～一二六九年）。另一方面，基督教勢力持續邁進，哥多華、瓦倫西亞、塞維亞等大城市接連淪陷，伊斯蘭勢力僅剩下半島南端的奈斯爾王朝格拉納達王國（一二三八～一四九二年）。至此，復國運動幾乎要大功告成。

格拉納達王國的初代國王為穆罕默德一世（一二三二～一二七三年在位），以後的國王，全都成為卡斯提亞國王的封建家臣，必須盡職給予忠告、軍事援助、繳交帕里亞（軍稅）等義務，藉此防範明顯的敵對勢力。之後的兩百數十年，伊比利半島都只有這個以格拉納達為中心的王國仍為伊斯蘭國家。

托雷多的文化交流

在此我們要提到兩個城市，雖然都在伊比利半島，但其於文明、宗教上的重要程度，卻有如全歐洲的規模。那就是托雷多和聖地亞哥．德孔波斯特拉。

西哥德王國因伊斯蘭勢力而滅亡，之後就是伊斯蘭和基督教兩大宗教勢力的長期緊張對峙，反覆一進一退，直到十三世紀後半葉，基督教國家終於幾乎完成整個復國運動。然而在武力相對峙的緊張氛圍下，異文化交流開花結果的情況，卻多得叫人難以置信。交流的地點就位在伊比利半島中央、太加斯河岸邊的托雷多。

即便到了中世紀，托雷多依舊是伊比利半島最重要的城市。先是從六世紀中葉開始成為西哥德王國的首都，成為政治文化中心，西哥德滅亡後，則被後奧米雅王朝支配。儘管隨後因後奧米雅王朝滅亡而陷入混亂，但光彩始終奪目。

第一次泰法時代時，位在托雷多的泰法小國對於學術發展呈現出高度熱情。國王馬蒙（一〇七五～一一〇七年在位）致力於建設圖書館、收集古書、招聘學者等。這個地區後來被納入基督教的勢力範圍，成為翻譯中心，其基礎就是由馬蒙所建構。

接著一〇八五年，阿方索六世歸還托雷多之後，文明交流展現出無比的盛況。國王締結寬容協約，只要支付習俗稅，就算是穆斯林也能繼續留下來，主教座堂（清真寺）也維持原狀。

除此之外，這裡還有大約四千名猶太人，因為穆瓦希德王朝不承認有經者並迫害猶太人，因此後續有更多猶太人移居至托雷多。

猶太人在國王的保護下可以成為直屬家臣，也允許自治。猶太人十分通曉安達魯斯社會又懂阿拉伯文，是聰明絕頂的難得人才，常被派遣擔任大使、醫師、諮詢官、公證人、抄寫員等。他們也擅長活用人脈網路來經商，安達魯斯的奢侈品及珍奇藝品能夠普及到新興統治階級，都是多虧了這些猶太人。

當時托雷多大約有幾千名莫札勒布（伊斯蘭統治下的基督徒）。阿方索國王賜給各團體個別的自治法（殖民特許證）等優惠待遇，莫札勒布也獲得等同於卡斯提亞人的待遇。由於莫札勒布熟知伊斯蘭時代的語言、制度及生活，因此跟猶太人一樣，也被任命為要職。

阿方索六世國王本身通曉伊斯蘭文化，因此十分理解其優異之處。為了強調他將穆斯林與基督徒融合為一的「民族、國民」的意志，他宣告自己是「兩大宗教的皇帝」。

再來就是他對穆德哈爾（得以留在基督徒再度征服之地的穆斯林）也很寬容。亦即在他的治世下，托雷多不是只重視基督徒，也會重用猶太人和穆斯林。

後來進入十二世紀，托雷多不再只是西班牙的一個城市，還是西方一大文化據點。不只因為裡面有收藏萬本書籍的巨大圖書館，還因為成立了一個「翻譯學派」。

這個翻譯學派以雷蒙大主教為核心，努力將翻譯成阿拉伯文的希臘文獻，進一步翻成拉丁文，內容以古典哲學、科學文獻為主，讓整個歐洲的學者都可以閱讀。當然在托雷多會多種語言的不只有莫札勒布和猶太人，還有改宗者（從猶太教改信基督教的皈依者）都有助益。

庇里牛斯山北部的知識分子，也呼應了這個行動。這是克呂尼修道院第八任院長「可敬者彼得」的野心。為了要駁斥穆斯林，他深信必須清楚了解敵人的想法，因此便以《古蘭經》為主，將穆罕默德的言行錄，以及關於穆罕默德及其繼任者們的生平原文著作等，請來到這個城鎮的西歐學者翻譯成拉丁文。

透過種種翻譯活動，克勞狄烏斯・托勒密、歐幾里得、亞里斯多德、阿基米德、阿波羅尼奧斯、蓋倫等希臘的醫學、數學、邏輯學、哲學、鍊金術、天文學、占星術、宇宙學等，都轉化成阿拉伯文，在西歐廣傳。連阿拉伯人花拉子米的《天文表》、《代數學》等偉大著作，也被譯為拉丁文。「十二世紀的文藝復興」的中心地，就在托雷多。

朝聖勝地聖地亞哥・德孔波斯特拉

中世紀西班牙還有一個「國際大城」，就是位在西班牙西北部加利西亞地區的聖地亞哥・德孔波斯特拉，這個地方對基督教世界非常重要，十二世紀時更成為世界級的朝聖勝地。

十二使徒之一的雅各，在一世紀的時候到西班牙講述福音，回到耶路撒冷後被希律・亞基帕一世下令逮捕然後殉教，屍首在天使的引導下由同伴以船隻運送，最後飄到加利西亞的海邊，但他的墳墓位置則沒人知道在哪裡。

九世紀的某一天，一位名為佩拉約的隱士，得到雅各墳墓地點的啟示，伊利亞主教泰奧多米羅接獲通知後，決定三天徹夜不眠進行祈禱，然後下令挖掘，結果真的找到了聖人的遺體。接著，國王阿方索二世下令在該處蓋教堂，這座教堂一直到一〇七五年都還在蓋。雅各的聖遺物讓阿斯圖里亞斯王室和加利西亞地區建立起了威望，十一、十二世紀時，由於宗教信仰的熱忱高漲，朝聖者紛紛從歐洲各地匯聚到此處。

結合法國和西班牙的朝聖路線，在法國國內叫圖爾之路、里蒙之路、勒皮昂沃萊之路、土魯斯之路，這些地方都有教堂藏有靈驗的聖遺物，結合這四條路線，前往庇里牛斯山，穿過山脈，不是從哈卡，而是走潘普洛納→蓬特拉雷納→布爾戈斯→薩阿貢→萊昂→阿斯托爾加→蓬費拉達，從東往西橫貫伊比利半島北部，抵達聖地亞哥。

在西班牙，隨著復國運動愈來愈蓬勃，被視為戰士主保聖人的聖雅各，也愈受到大家崇敬，不過在到十一世紀前半葉左右，由於伊斯蘭領主的存在（九九七年曼蘇爾攻擊破壞聖地亞哥）使得朝聖路線變得很危險，還有遭遇到野狼或強盜的可能。不過十一世紀後半通往聖地亞哥的路線變得安全後，朝聖又開始活躍起來。

朝聖者會帶著刻有朝聖完畢章的扇貝回去，把它別在斗篷或帽子上。因此這個「扇貝」又稱為「聖雅各貝」。

為了迎接朝聖者，整條朝聖路線都整修了道路橋樑，興建庇護所、修道院、窮人醫院，且商人和一般旅客都能使用朝聖路線。朝聖熱潮在十三世紀達到巔峰，每年有幾十萬人造訪。彰顯這個朝聖地重要性的新大教堂，於西元一二一一年建築完成，阿方索九世親自出席獻堂禮。

西班牙的羅曼藝術

中世紀的西班牙在國際上的文化宗教藝術開花結果，這點是不能遺漏的，其中還有羅曼建築。順帶一提，聖地亞哥．德孔波斯特拉大教堂就是西班牙羅曼藝術（Romanesque art）*建築的一大傑作。

再征服運動在一〇〇〇年以前的階段大有進展，伊斯蘭勢力被趕到南方，北方的基督徒因而能自由禮拜。不過一開始沒有獨立的教堂，是改建伊斯蘭教的建築物使用。不久，出現希望用基督徒的設計興建教堂的請願，後來就蓋出了羅曼式教堂。

首先，十世紀從北義大利的倫巴底地區沿著地中海沿岸，經過南法最後越過庇里牛斯山的加泰隆尼亞，是以連續小盲拱做外部裝飾的「倫巴底帶」廣為流傳，這也是羅曼藝術的特徵。另一個就是十一、十二世紀，經聖地亞哥朝聖路線，從法國傳來的特徵，其傑作就留在阿拉貢、納瓦拉、阿斯圖里亞斯、加利西亞、卡斯提亞和萊昂。

一開始是極為單純的三廊式巴西利卡建築，後來演變為拉丁十字形。牆壁厚重、窗戶

*註：又譯為「羅馬式藝術」，指十一、十二世紀在歐洲流行的一種藝術風格，與羅馬建築相似。

小，後部是半圓形，並綴以細緻的幾何學裝飾等，雖然具有這些共通點，但特徵會因為各地區而有些微差異。

西班牙跟南法的羅曼藝術，都一樣樸實卻極具魅力。例如卡爾多納的聖文森教堂、里波爾的聖瑪利亞修道院、布爾戈斯南方的西洛斯聖多明哥修道院、夫羅米斯塔的聖馬丁教堂（圖2-2）、弗龍塔尼亞的聖若梅教堂等。

圖2-2　夫羅米斯塔的聖馬丁教堂

十～十二世紀，聖地亞哥朝聖路線及周圍陸續蓋起羅曼式教堂、修道院、窮人醫院，主要是因為復國運動從伊斯蘭勢力搶回土地、財產，以及與基督教在靈性上有新的進展而產生連動。

核心國卡斯提亞

十二世紀後半段，平息第二次泰法時代分裂狀態的伊斯蘭穆瓦希德王朝，一鼓作氣進攻北非基督教各國的領土。西班牙卡斯提亞大軍則在阿方索七世和八世的帶領下奮勇作戰。到了一二一二年，發生了一場決定基督教國家轉守為攻的戰役——拉斯納瓦斯·德·托洛薩會戰。

一一九五年，在阿爾科斯之戰戰敗的卡斯提亞國王阿方索八世，向基督教世界宣告成立「十字軍」。亞拉岡、納瓦拉、葡萄牙等各國君主都締結聯盟，動員大軍，連教宗依諾增爵三世也大力支持。

原本十字軍是為了搶回中東被伊斯蘭勢力所奪走的聖地耶路撒冷，因此在教宗的倡議下，由西歐基督教各國發動軍事遠征，但廣義上，只要是和基督教的敵人開戰都能這樣稱呼。在這支「十字軍」下，西班牙的基督教勢力在一二一二年於拉斯納瓦斯·德·托洛薩大敗穆瓦希德王朝，將伊斯蘭勢力驅趕至半島南部的莫雷納山脈另一側。

穆瓦希德王朝撤退到摩洛哥，同時各地也掀起反穆瓦希德的勢力，最後於一二六九年滅亡。穆瓦希德王朝衰亡的時代，在伊比利半島南部受到了再度蓬勃發展的復國運動的攻勢。

在此，我們要關注的是卡斯提亞王國。一二一四年阿方索八世逝世所造成的混亂，由斐迪南三世（一二一七～一二五二年在位）於一二一七年登基時掃平。他在一二三〇年再度統一了分裂的卡斯提亞與萊昂，成立新的「卡斯提亞王國」。

面對泰法諸國，斐迪南國王開始正式發動再征服運動，於一二三六年攻陷安達魯斯的首都哥多華，其他城市也跟著歸降。一二四三年奪取莫夕亞，一二四六年拿下哈恩，緊接著塞維亞也在一二四八年補給線被切斷的情況下，被攻破成為保護領地。最後還在伊斯蘭統治下的，只剩下格拉納達的泰法。

最重要的是在十三世紀，在基督教勢力核心卡斯提亞王國的帶領下，再征服運動從瓜達幾維河到半島東部都取得很大的進展。

在卡斯提亞，以再征服大有貢獻的古茲曼家族為首，大貴族獲得大片土地作為報償，於是出現大農莊。還有宗教騎士團與教會也獲得莫大土地。願意前往再征服殖民的人，會被給予房舍或土地等各種優惠，因此產生了許多擁有小土地的自由農民。

另外中部、北部的主流行業變成了畜牧。從北非引進美麗諾羊，羊毛出口值因而上升，王室為了將之納為自身的利益，在一二七三年將多個牧羊團體全部收編為一個名為「梅斯塔榮譽會」的團體組織，給予特權，以便收取財政援助。其實從十二世紀末到十三世紀，在卡斯提亞王國就有畢爾包、布爾戈斯、托雷多、昆卡、塞哥維亞、哥多華等地，開始大力發展羊毛產業和毛織品工業，與北歐的貿易變得非常熱絡。另一方面，巴斯克、坎塔布里亞兩地的礦藏開採和造船業也都順利發展。

阿方索十世（賢君，一二五八～一二八四年在位）在位時，後面會提到的文化將會開花結果，且王國會整合政治、法律，並調整行政機構。從十三世紀到十四世紀初，以卡斯提亞為首，西班牙各地人口增加、經濟起飛，城市也繁榮至極。之後鼠疫（黑死病）和惡劣氣候暫時導致農村荒廢、經濟混亂、社會動盪不安，但貴族還是從販售羊毛中獲取實際的利益。

此時領主與農民締結長期租地契約的情況變多。雖然農民也有土地，但在小農制度下（零碎土地持有制），頂多只能經營極小的葡萄園或橄欖田。再加上國王稅賦增加，加重了農民的負擔，因此生活變得很困苦。

稱霸地中海的亞拉岡聯合王國

復國運動順利進行，基督教諸國趁勝追擊，除了卡斯提亞，都快速發展，紛紛建立國家。例如亞拉岡的征服者海梅一世（一二一三～一二七六年在位）接連占領巴利亞利群島和瓦倫西亞（地圖2-3）。

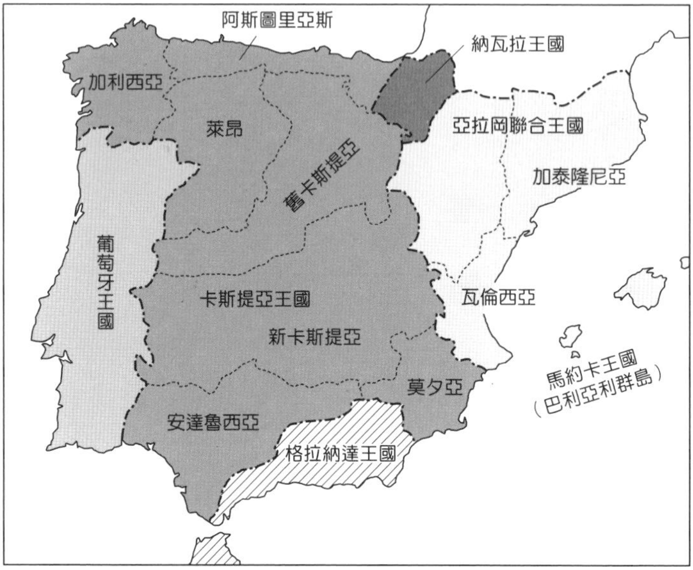

地圖2-3　西元1270～1492年的伊比利半島

繼任國王佩德羅三世（一二七六～一二八五年在位）在一二八二年占領西西里島，他的兒子後來成為西西里國王。

亞拉岡聯合王國之後甚至征服了薩丁尼亞島、拿坡里王國。從中世紀到近代的南義大利歷史，跟西班牙歷史無法切割，不過建造出這個基礎的是亞拉岡諸王和大舉進入義大利領地的加泰隆尼亞人。

在亞拉岡聯合王國的城市當中，巴塞隆納繁榮起來後，經常和義大利熱那亞爭奪地中海貿易的霸權。巴塞隆納出口染料、布料、毛織品，加上黎凡特（地中海東部沿岸）地區在內，形成一張商業貿易網，獲取了不少利潤。

禮貌者佩德羅四世（一三三六～一三八七年在位）積極地推廣這些商業。在商業發展下，亞拉岡聯合王國的其他城市也跟著繁榮，使得西班牙在金融業和貿易上，原本沒有財產的小資產階級人數大幅成長。

不過佩德羅四世積極對外發展的政策逐漸壓垮財政，再加上發生鼠疫，後來十四世紀後半到十五世紀前半，人口減少，產業也低迷，最後爆發商業危機。聯合王國的中心加泰隆尼亞在地中海的貿易，也節節敗給熱那亞商人、卡斯提亞商人、葡萄牙商人等。

國王議會的職責

那麼政治制度如何呢？自十三世紀開始，卡斯提亞、亞拉岡、瓦倫西亞會各別召開「國王議會」（Cortes），與國王顧問會議一起成為國家的政治根本制度。國王顧問會議是有權干涉宗教與世俗事務的貴族，以及城市代表所參加的封建會議。當國王需要在平常稅收增加額外收入，就會召開這些會議，徵收額外的稅賦。這在歐洲是創始且意義深遠的代表性制度。

在國王議會中，不同王國的組成和擁有代表權的人都不同。舉例來說，卡斯提亞的國王議會，由於國王不須負擔定期召開議會的義務，因此不太能發揮政治影響力，也沒有立法權。

另一方面，從十三世紀後半到十四世紀，亞拉岡聯合王國的國王議會是由神職人員、大貴族、低階貴族、城市代表四個部會召開的身分制議會（加泰隆尼亞和瓦倫西亞原則上是只到低階貴族共三種身分）。同時設立獲得立法權、監督所有國政並經手徵稅、財務議會常設代表機構（Generalitat），以及可以審判國王和特權階級的大法官，這些人很快成為自由擁護者，監視著法律有無被好好遵守。

包含卡斯提亞、亞拉岡和其他王國在內，西班牙各王國都在十三、十四世紀蓬勃發展，雖然前方有各種困難在等著。那就是王國之間以及王國與貴族、各城市的爭鬥，以及繼承者的糾紛等，這些問題即便進入十五世紀後依舊持續著。

敘事詩《熙德之歌》

復國運動與中世紀的騎士精神，亦或是十字軍精神，具有非常深的關聯。身為基督教的戰士，騎士被神賦予討伐異教徒的使命，因此理所當然會成為復國英雄中的英雄，或武勳詩中的主角。

以十一世紀末左右在法國作成的《羅蘭之歌》（*La Chanson de Roland*）為最初的代表例子，在西班牙則是《熙德之歌》（*Cantar de mio Cid*，十二世紀中葉～十三世紀初）最廣為人知。

《熙德之歌》開始於阿方索六世流放的熙德一行人故鄉的場面，用三首歌來重複他的冒險與豐功偉業。熙德被視為傳說，成為武勳詩中的主角，但其實熙德的原型是在十一世紀末就死亡，真名為羅德里戈（Rodrigo）的真實人物。

西元一〇六五年，卡斯提亞（萊昂王國）的斐迪南一世過世後，旗下的領地按照遺言分割給三位王子，之後兄弟為領土起了爭執。成為卡斯提亞國王的桑喬二世（一〇六五～一〇七二年在位）跟繼承萊昂的二弟阿方索六世結盟，將么弟加利西亞二世流放到塞維亞後，征服了加利西亞，但沒多久就轉為跟阿方索六世兵戎相見。

雖然桑喬二世最後獲勝，卻在薩莫拉包圍戰中被暗殺，嫌疑犯是與阿方索六世有密切來往並服侍桑喬的中階貴族家族（士紳）出身的羅德里戈。桑喬被謀殺後，羅德里戈和成為萊昂和卡斯提亞兩國國王的阿方索六世處得不好，後來被流放，成為薩拉戈薩伊斯蘭軍的指揮官並大為活躍。

儘管現實中羅德里戈是個不忠於主君和基督教的背叛者，在《熙德之歌》中卻被視為英雄，實在是有點令人匪夷所思。故事中的熙德被描繪成擁有超越常人之力，接連打倒敵人，馴服獅子，還獲得天使長加百列的守護，是個高尚又虔誠的男子。

在詩歌中，他因為背黑鍋而被處以流放之刑，接連打倒摩爾人，逐漸恢復自己的榮譽和財產，卻不怨恨主君阿方索國王，還繼續保持忠誠，不忘將勝利的貢品（一百匹駿馬）獻給國王，因此成為理想的騎士典範。

宗教騎士團的成立

熙德完美兼顧的宗教與軍事，在中世紀之後成為西班牙人灌注最大熱情的兩個重點。因此，即便國內的其他方面都殘破不堪、紛亂不一，基督教教會與軍隊從中世紀到幾乎現代，都是團結整個西班牙的鋼鐵羈絆。

中世紀早期，在西班牙結合宗教與軍事的組織，就是宗教騎士團，又稱為軍事修士會，唯有立定修行誓約的修道士，方有成為騎士資格，加入團體（圖2-3）。從十二世紀前半開始，在亞拉岡創立了聖地宗教騎士團，十二世紀末又創設了卡拉特拉瓦、阿爾坎塔拉、聖地亞哥這三支永續性宗教騎士團，和城市民兵一同成為再征服運動的尖兵。他們與穆瓦希德王朝作戰，在一二一二年的拉斯納瓦斯．德．托洛薩會戰中十分活躍。

圖2-3　穿著西班牙三大宗教騎士團修道服的貴族們

首先要介紹的是卡拉特拉瓦騎士團，一開始被委任給聖殿騎士團的卡拉特拉瓦要塞，由納瓦拉熙篤會修道院長自告奮勇接下，於是許多騎士就在一一五八年開始據守這個要塞。沒多久，這裡就聚集了兩千名修道士騎士，並在一一六四年，由教宗亞歷山大三世通諭認可為正式的宗教騎士團。他們在再征服運動中奮鬥，不消多時就占領了卡斯提亞邊境的許多城堡，還擁有數千家臣。他們的戒律極為嚴格，除了普通的服從、守貞、清貧，還不能交談、禁食。

阿爾坎塔拉騎士團是在一一七〇年左右，由薩拉曼卡的貴族們，起源於萊昂王國埃斯特雷馬杜拉的聖胡利安．德爾佩雷羅設立的軍事兄弟會，以聖殿騎士團為楷模，保衛地區免受摩爾人侵占為目標。一一七六年，被萊昂王國的斐迪南二世公認，同年，教宗亞歷山大三世認可為修道會，在一一八三年更獲得教宗路爵三世授予熙篤會的戒律。一一八七年以前還在卡拉特拉瓦修道會名下，後來獨立出來，並以阿方索六世賜予的堡壘名稱（阿爾坎塔拉）來命名。

最後是聖地亞哥騎士團，成立的過程又如何？一一七〇年，萊昂和加利西亞的國王斐迪南二世（一一五七～一一八八年在位），將剛從伊斯蘭取回的埃斯特雷馬杜拉的卡塞雷斯防衛任務，託付給未來的第一任團長佩德羅．費爾南德斯及十二名同伴。以這些人為中心，創辦了聖地宗教騎士團的卡塞雷斯宗教騎士團。

不久，他們成為了基督教國西班牙主保聖人聖雅各的家臣騎士，並被聖化為聖地亞哥宗教騎士團，於一一七五年獲得教宗亞歷山大三世的認可。佩德羅．費爾南德斯在葡萄牙、卡斯提亞、亞拉岡、法蘭西、義大利、聖地耶路撒冷等地獲得財產，便將這個騎士團擴張到國際級的規模。

這些主要的西班牙宗教騎士團，在王權的指導下形成。十三世紀以後再征服運動大致完成，這些騎士團便以榮譽軍隊的名義，與外國戰鬥、鎮壓國內叛徒等，以支持王權。

後來在十五世紀末，天主教雙王（後面會提到）成為以上三個騎士團的團長，因此得以將騎士團的收入納入國庫。

異文化交流開花結果

西班牙在後奧米雅王朝時代，基督教徒、猶太人、穆斯林三者互相交流，綻放出豐富的融合文化。這些前面已經提過。西班牙的文化和社會並非單獨由基督教徒創造，阿拉伯人和猶太人也同為西班牙文化的創造者。

這一點不只是後奧米雅王朝時代，之後的泰法時代、再征服運動時代也一樣。十一、十二世紀，有數萬名猶太人居住在安達魯斯，各個泰法又都承認信仰自由及其自治，各種民族帶來各式各樣的手工業、自由業，甚至入宮廷服侍也不罕見。每個泰法國王完成鞏固自己的首都防禦後，便著手興建清真寺和宮殿，並獎賞招入宮中的詩人、學者、買來的女奴隸（歌手、舞孃），間接刺激了學術、娛樂。

穆拉比特王朝和穆瓦希德王朝下的安達魯斯嚴格執行伊斯蘭信仰，強逼莫札勒布和猶太人改信伊斯蘭教，不然就要脅他們搬到城外。於是猶太的學術研究重心就轉移至基督教的西班牙各國。

在伊斯蘭統治下，以現被稱為塞維亞大教堂的吉拉達的鐘塔（原本是清真寺的叫拜樓）為首，建造了許多精美裝飾的建築物，發展出多樣化的人文、社會、自然相關的學識，著實令人吃驚不已。

例如猶太律法主義權威邁蒙尼德（一一三五～一二〇四年）的著作、阿拉伯大哲學家阿威羅伊（阿拉伯名為伊本・魯世德，一一二六～一一九八年）寫了多本亞里斯多德註解書、希伯來文的詩也帶著阿拉伯語的抑揚頓挫，在猶太會堂（猶太教教堂）外，被大家傳頌歌唱。

讚歌、抒情詩尤其值得一看。伊本・哈贊（九九四～一〇六四年）《鴿子的頸環》以洗練的古阿拉伯文和豐富的想像力，詠唱論述愛情發生的原因、問題、特質，是一本探討愛情的書籍。其他還有完成名為「Zajal」口語詩體的伊本・古茲曼（出生年不詳，在一一六〇或一一六九年辭世）寫出都市抒情詩的傑作、伊本・卡法加所創作讚美大自然的詩作等。

為了恢復領土，基督教諸國雖攻勢仍強，卻未曾忽略安達魯斯所發展的伊斯蘭詩歌和藝術大量流入自己的土地。雖說伊斯蘭勢力在十一世紀末就被基督教勢力奪去托雷多，還被趕到更南邊，後來安達魯西亞地區被侷限到以格拉納達為中心的小區域，不過原本的占領地後來依舊保有伊斯蘭文明的餘燼。加上還有猶太人，也盡力將這些阿拉伯文化傳到基督教王國。

其實基督教各王國在十五世紀之前都對異教徒很寬容，穆斯林只要繼續繳納原本繳給哈里發的稅金，就能定居在原處。各民族之間互相交流，進而推動學術與文化發展。

穆德哈爾式建築在托雷多以外的地方也極為興盛，從十世紀到十五世紀，不單是清真寺，連教堂和猶太會堂也都蓋成這種樣式。那是莫札勒布在安達魯斯被迫害後逃亡到基督教各國時所帶去的東西。

雖然當地缺乏石材，仍可運用粗石、磚頭、灰泥、木材、磚瓦等素材，還有色彩繽紛的彩繪屋頂天花板、馬蹄形拱、阿拉伯式花紋等，也極具特色。由於通用性高所以教堂帶頭採用，連王宮建築、貴族宅邸、庶民建築都用這種方式建造。

修築阿爾罕布拉宮

而侷限在安達魯西亞的伊斯蘭文化，又展現出怎樣的姿態呢？奈斯爾王朝在格拉納達山丘上建造的阿爾罕布拉宮，堪稱是伊斯蘭建築的精華傑作。

這座宮殿從穆罕默德一世開始建造，之後由優素福一世和穆罕默德五世為主，進行增建。這個豪華的宮殿以兩個大中庭為中心，簡直就像地上的天堂，充滿了愛與悠閒的快樂主義，在鮮嫩欲滴的春天，整座庭園充斥著柔嫩感。

阿爾罕布拉宮不是單純的宮殿，是具備了美麗庭園、浴池、清真寺、防衛塔、城牆、學校、圖書館，可視為王宮城市的複合型設施，是後奧米雅王朝末期以阿爾卡薩瓦（要塞）為起點，在那厮耳王朝時代新增改建而成。

建築物除了本體宮殿，還興建塔、門、庭院、泉水等，修建過程引進在中東伊斯蘭世界發達的灌溉設施，導入、改良園藝技術。「獅子中庭」四周被建築物包圍，建築物由一百二十四根大理石圓柱支撐。

天花板的雕刻以多種鋪磚組合製成鐘乳石裝飾，這是古代近東發展後傳過來的。地板和柱子都覆蓋著精美又優雅的花磚，需要高度的技術，這樣的內部空間是為了彰顯君主的財富與權力。

阿爾罕布拉宮富有綠意盎然的香桃木庭院，偌大的四角形水池，屋內的流水噴泉池，光線由上方灑落，還有充滿變化的蔓藤花紋、馬賽克圖樣，塗有紅、藍、綠色灰泥的圓形天花板等，全都是令人感到歡愉的設計。

智者阿方索十世

在此介紹兩名中世紀西班牙政治、宗教、思想界的傑出人物。他們都是將當時西班牙的特徵——異文化交流——發揮到極致的人。一位是十三世紀後半期的卡斯提亞王阿方索十世（一二五二～一二八四年在位，圖2-4），後人敬稱他為「智者」。另一人是思想家拉蒙·柳利（Ramon Llull）。

圖2-4　阿方索十世和穆德哈爾們

智者阿方索推動卡斯提亞的行政機構改革，以及統一法律與各制度，致力於共主邦聯（聯合王國）的中央集權化，以及明確君主的職務、權能、威嚴。關於這點，《七章法典》（*Libro de las Leyes*，一二五六～一二六三年）的編纂至關重要。

這部法典彙整了刑法、民法、商法、教

會法等七種領域的法條，克服各地區不同的「治外法權」（地方特權法），揭示整個王國統一的法律體系。以卡斯提亞語而非拉丁語寫成這點也同樣意義深遠。

即便目前只有精英能理解自己的理想，阿方索國王仍懷著希望，有朝一日所有人民都能理解他的想法，因此不惜將卡斯提亞語定為國語來使用。為了對應阿拉伯語的抽象字詞，他下功夫鑽研，在法律、歷史、文學、科學方面研擬適當的詞彙。

除了法典，與阿方索國王相關的著作在歷史領域中有《西班牙編年通史》和《世界歷史》，都是以卡斯提亞語寫成。前者是懷抱著卡斯提亞想統整各王國，建造一個和平西班牙的野心，欲將霸權正當化。除了古代史書，還利用阿拉伯語史書進行編纂。

其他具有高名聲的還有《聖母瑪利亞讚歌集》，也就是《坎蒂加》。以在西班牙廣為流傳的聖母信仰為背景，集四百二十九篇抒情詩和敘事詩之大成。其中很多是加利西亞詩人艾拉斯·努涅斯的作品，也有國王本人的作品。透過作品中豐富的情感表現，阿方索十世身為詩人的面貌彷彿躍然於眼前。國王自己亦擔任上述作品的監修主編，親自下令監修審訂。

因著製作這種法律、歷史、文學上的里程碑作品，阿方索王最大的功績可說就在於積極吸收異文化。他的宮廷不只是伊比利半島各地區、歐洲各國學者與詩人相遇的場所，穆斯林和猶太人也會出入其中。

國王大力支持翻譯活動，在一二五四年於托雷多和塞維亞設立拉丁文和阿拉伯文的綜合研究所學校，從國外招聘學者任教。這麼做的目的在於，讓西班牙也得以應用保存在阿拉伯（伊斯蘭世界）的古希臘及阿拉伯本身的文化遺產。因此為了讓全體人民都了解，除了拉丁文，也著手翻譯成卡斯提亞文，後來發展為「十二世紀的文藝復興」。

就這樣，包括東方短篇故事集、礦物誌、天文學、占星術等相關作品又重新回到世人目光下，尤其是在一二六九年至一二八三年翻譯的《阿方索天文表》，在哥白尼提倡地動說之前，都是西洋文學不可或缺的工具書。另外《西洋棋、骰子和棋盤遊戲之書》（一二八三年）亦是探索歐洲棋盤遊戲起源，一部饒富趣味、不可少的史料。

阿方索國王將基督教、猶太教、伊斯蘭教三個宗教的學者招攬至自己的宮殿，讓他們傳授全方位的知識給朝廷官員，自己也因此獲得了廣博的學識。他用「神會拯救所有基督教徒、猶太人和摩爾人（穆斯林）」作為自己的墓誌銘，不只刻有卡斯提亞文和拉丁文，甚至有阿拉伯文和希伯來文版本。

之所以會誕生出對異文化抱持理解和高度興趣的「智者」，是因為王國及其周圍（紛紛自立為國的泰法）有著活躍的伊斯蘭、猶太文化據點在閃耀著。阿方索十世沒有忽略這點。這個時代，西班牙成了銜接東西方世界的橋樑。

打破常規的知識家——拉蒙・柳利

十五世紀以前的西班牙，促進異文化融合的另一名偉人，就是生於馬約卡島的拉蒙・柳利（一二三二～一三一五年）。他是真正有創新想法的學者，跳脫基督教的思想框架，融合猶太思想和阿拉伯思想，構築出一個闡明世界普遍系統的綜合性學問。他不只是一個偉大的學者，也是一流的詩人、浪漫作家和傳教者。

年輕時，他被委任為馬約卡王國海梅王子的總管，成為吟遊詩人（南法抒情詩人），創作歌頌心儀女性的輕佻歌曲。可是有一天耶穌・基督突然現身在他面前，他因此悔悟過往的生活，拋售資產並捨棄家人，決定後半輩子都要致力於向異教徒傳教。於是他學習且精通了阿拉伯文，累積了神學以及伊斯蘭哲學的素養。

柳利在一二七六年，得到了前主人海梅王子（隔年成為馬約卡王國海梅二世）的財務資助，在馬約卡島的米拉馬爾建立阿拉伯文學院，向基督教會的修道會之一——方濟各會，傳授破除伊斯蘭哲學的技巧與方法，還有阿拉伯文。

接著柳利自一二八七年開始行遍歐洲各地演講和傳教，但是他那推動獎勵十字軍、教會改革、讓世界各地穆斯林和猶太人改信基督教的激動模樣，被眾人視為瘋子。教宗（若望二十一世和尼古拉四世）、高階神職人員、大學相關人士、俗世權貴者等，無人聽從他的勸告。柳利心灰意冷，決定獨自實現讓異教徒改信基督教的計畫，於是在一二九三年從熱那亞搭船航向突尼斯。他成為方濟各會第三會（在俗會）會員，在一三○七年和一三一五年於北非傳教。他經常到清真寺門口傳教，激怒了穆斯林，因此下場不是坐牢就是被驅逐出境。

據說柳利在從突尼斯回馬約卡的路程中死於海上，不過也有人相信他是被群情激憤的穆斯林動用私刑丟石頭砸死（圖2-5）。

他留下了數量可觀的著作（圖2-6），多以拉丁文、加泰隆尼亞文、阿拉伯文寫成，抒情詩——和吟遊詩人相同——則以歐西坦語寫成。除了與神學相關的著作，還有抒情詩、騎士道理論、烏托邦小說等。

圖2-5　拉蒙・柳利在突尼斯被人丟石頭

圖2-6　拉蒙・柳利著書《學問之樹》中插畫

他的主要著作神學書《神的觀想之書》（一二七三～一二七四年）和思考系統（藝術）的書（《大藝術（終極的一般術）》（西元一三〇八年）、《小美術（為了發現真理的簡略之術）》（一三〇八年））」，這些藝術書籍運用「文字」、「表面」、「房間」、「幾何學的形象」、「樹木」等，組合說明、演繹、推理各原理，藉此主張基督教的真實及優越，並說服異教徒的知識分子。他在說服對方的時候，還細心地以「對方的語言」來闡述。用同以《聖經》為根據的三個宗教（基督教、猶太教、伊斯蘭教）的共通命題為出發點，揭示其他的命題是否和最初的敘述互相矛盾，以此來「證明」基督教的優越性。

柳利的綽號有「靈感博士」、「幻想博士」，就是因為他的思考和行動彷彿是被附身，成就了驚人的知識熱情，並在異文化的交鋒現場得以發揮，以及堅信可以透過對話來解決三個宗教之間的歧見——就跟前面所說的阿方索國王一樣——使我們可從中感受到西班牙的特色。

樸素貴族和鄉下工人

中世紀的伊比利半島基督教各國，特別是卡斯提亞，在再征服運動進行期間，維持戰爭時期的體制，因此貴族和騎士們同樣位居高社經地位。

擁有爵位的大貴族只占少部分，他們被國王分封廣大領土，因此占據了大半的土地。其他的權貴則是高階神職人員及城市的統治階級。一般貴族是世襲的名門（Hidalgo，圖2-7），其實就是倚仗傳統權力的鄉下地主。這些人的社經狀況也是形形色色，有人富裕、有人貧困，有人以家世為傲，也有人新崛起。

圖2-7　名門貴族

這些名門貴族以戰爭為業，在戰爭過程中獲得土地與戰利品，以此作為主要財富。他們以功勳和榮譽做為行動準則，會全力以赴、挺身面對看似不可能的困難，並以此為無上光彩，還以嚴格規定的榮譽規範決定人際關係。然而他們在經營自己的領地方面卻是漫不經心，認為只要能從佃農那兒得到租金就好，過著懶散的日子。

別說與國王一同努力整合西班牙國，這些人會直接在制度改革或財政負擔上與國王對立。因為對他們而言最重要的，就是支持維護自己立場的地區政治。

名門貴族大多都在城市擁有房產，過著上流市民生活，同時也把持著市政。他們與一般市民的區別就在於是否持有勳章。另外他們擁有特權，像是不須向王室納稅，在判決、刑罰上也都有優待，對自身的榮譽更是趾高氣昂。除了為了國王徵稅和管理財務，還參與商業。

不過名門貴族不太能過奢侈的生活。農民所繳交的土地租金並不多，大部分仕紳的經濟狀況只是比農民好一點而已。他們住在家具簡樸、稱不上舒適的房子裡，靠著一把長槍和盾牌以及一匹瘦馬，至少還能在夢中過著宛如國王的驕傲生活。

另一方面，占人口八成的農民當中，也有人富裕有人貧困。後者占大多數，被大地主使喚。不過若是願意搬到從伊斯蘭勢力強搶回來的土地或蠻荒地、無主地耕種，就能獲得十分有利的條件和特權。

分發到卡斯提亞邊境的農民或牧羊人，可獲得放牧權或木材砍伐權等特權。在嚴苛的大自然中，農民們穿著粗布衣裳，吃著粗糙的食物，不過彷彿感染到了仕紳的榮譽感，他們雖窮卻也感到驕傲。

自尊心高這點表現得最顯著的就是工匠。他們身穿斗篷，毫無幹勁地工作，每存到一筆錢就佩劍裝成名門貴族，到處玩樂，或是把裝飾豪華的披風披在肩上，拿著樂器外出去追女人。也就是說，人們樂於以騎士和名門貴族自居。

這種身分平民化的傾向，就算到了近代也沒變。在西班牙，不管身分多麼高貴的人，都能和地位低的人稀鬆平常地對話，反過來說，下層階級的人也有驕傲和滿滿的自尊心，可以毫不遲疑地在路上與身分地位高的人說話。

卡爾德隆的《薩拉梅亞的村長》（一六四二年）書中有國王、將軍和吵架的村民一景。十九世紀法國作家特奧菲爾．戈蒂埃（Théophile Gautier）所述的內容，是乞丐想跟大貴族借用雪茄來點燃紙捲香菸，而貴族絲毫不覺得自己是在施捨恩惠；另外侯爵夫人在旅遊途中完全不在意自己和駕駛馬車的車夫，以及拿獵槍保護自己的護衛用同個杯子喝水；園丁或隨從突然被告知要擔任上流社交界的貴婦舞伴，即使身分低下仍能與貴族開心快樂地共舞……諸如此類的內容。

也就是說在西班牙，這種事是相當大眾化的，人人都充滿高尚的氣質，不像英國或法國貴族與平民之間的階級關係分得十分清楚，而是感覺同為夥伴，不過帶有一點上下關係。

其實在西班牙，連國王都很庶民，不像英、法的國王會舉辦特別的加冕典禮和葬禮來彰顯自身的崇高，雖然曾有擔任驅魔師驅除惡魔的案例，但除此之外，沒有做出什麼奇蹟或魔法之類的事蹟。在西班牙全盛期，國王菲力普二世甚至讓底下的大臣和僕役稱自己為「閣下」（Señor），因為他討厭被稱為「陛下」（Majestad）。

西班牙的國王沒有絕對的權力，也沒有那樣的野心。中世紀西班牙基督教各國國王——具有封建的脆弱主從關係——不過是將軍或貴族中的首腦，無法命令人們做出逾越法律的行動，或是冒險掠奪國家。西班牙王權事實上受到一定的法律限制。

西班牙不管是土地、天空、人們的生活乃至於呼吸的空氣，一切都很粗獷。而所有的人民，上至國王、政府高官，下至士兵、農民、奴隸、公民，都習慣於貧窮，不執著於物質上的財富。

以熱情聞名

如前所述，人民的階級平均化，大家的心裡都有深厚的庶民氣息，這是中世紀到近代西班牙（人）的特徵。

另一個醒目的特徵，就是每個男性的行動標準都以榮譽為第一。從軍可以提高榮譽，因此不管是仕紳還是平民都十分盼望報效國家。特別是無法繼承家業的次子或三子，父母都很樂意將他們送入國王的軍隊中。

在戰爭中保衛自己的安危，臨機應變作戰，必要時甚至撤退，西班牙人不會採用這種作法。他們明知有勇無謀，卻還是會像野獸一樣勇猛前進；即便會被敵人殺害，依然甘之如飴，甚至認為在自己的主場戰死人數愈多代表愈光榮。西班牙人這樣的行為，產生了許多讓義大利人和法國人大吃一驚的趣事。中世紀以後不分身分、理想主義的光榮感，進駐並鼓舞了西班牙人的內心。

「榮譽」的價值同等生命，是要賭上性命去守護的東西。只要心懷社會認同的榮譽，那就無關身分，一切眾生平等。他們視彰顯榮譽的事為重要事業，相信自己是神選之民，即使粉身碎骨也在所不惜。若不這樣想，就會立刻喪失動力，沉浸於怠惰。

像這樣，「對榮譽充滿熱情」，結果亦衍生了「羨慕」與「嫉妒」，造成的情形是，當時西班牙社會稱讚他人便可能會危害到自己的利益，即便是鄰居朋友之間也充滿了羨慕與嫉妒。國王被這樣的朝臣所包圍，根本沒辦法做好政治上的工作。

前面提到的敘事詩《熙德之歌》就有親戚和宮廷人員嫉妒熙德的場景。例如第二歌九十九節中「面對反對，頓．凱爾錫亞柏滿腔苦楚，憤怒不已，隨同家族十人當場離開現場——『實在叫人大吃一驚。熙德的榮譽多高啊！他的榮譽愈高，我們的評價就愈低。（……）』」

榮譽在中世紀遍地開花、化為熱情，到了近代變得更加激進，後面會提到，以卡爾德隆為首的黃金世紀戲劇中，村民的榮譽、舊基督徒（自古沒有繼承到猶太人、摩爾人、異教徒血統的純種基督徒）的榮譽、女人的榮譽、丈夫的榮譽等，「榮譽」是第一等要事，並因此而沉浸在讀者和觀眾的喝采中。

天主教雙王完成再征服運動

十五世紀末，伊比利半島在政治和宗教上都迎來盛大的一個段落。先是卡斯提亞王國促進整個半島統一，以及終於消滅伊斯蘭勢力版圖。統一的實現，是透過接下來要講的西班牙王室複雜家務事。

在一四一〇年巴塞隆納家族絕嗣後，亞拉岡王位的繼承問題浮上檯面。與卡斯提亞協議的結果，決定由卡斯提亞的特拉斯塔瑪拉王室王子——安特克拉的斐迪南，填補空懸的亞拉岡王位（斐迪南一世，一四一二～一四一六年在位）。

之後，亞拉岡不斷爆發加泰隆尼亞人的反抗、叛亂而陷入混亂，胡安二世（一四五八～一四七九年在位）使繼承自己王位的兒子斐迪南跟同族系卡斯提亞公主伊莎貝拉結婚，以平息叛亂。亞拉岡歷代國王要面對加泰隆尼亞的反叛，還要分擔法王路易十一世擴張領土的野心，所以試圖在卡斯提亞那兒尋找救贖。

就這樣，一四六九年，伊莎貝拉（一四七四～一五〇四年在位，圖2-8）和斐迪南（一四七九～一五一六年在位）結婚，前者繼承卡斯提亞王位，後者在一四七九年繼承亞拉岡聯合王國王位，於是兩人稱為「天主教雙王」。

圖2-8　伊莎貝拉女王

伊莎貝拉即位後，哥哥恩里克四世的女兒胡安娜、卡斯提亞宮廷內反亞拉岡派的朝臣們，以及企圖和胡安娜結婚的葡萄牙國王，都起兵反抗，爆發內戰，不過最後伊莎貝拉獲勝。一四七九年，亞拉岡胡安二世過世，亞拉岡與卡斯提亞正式合併，奠定了今日西班牙（西班牙王國）的基礎。

卡斯提亞統一後做的第一件大工程，就是完成再征服運動。勇猛的戰士靈魂中再度點燃國家統一的火苗。如前所述，再征服運動在十三世紀有相當大的進展，但在一二七〇年後卻中斷。天主教雙王平息基督教勢力內戰後，傾盡全力消滅格拉納達王國。然後在一四八二年再度展開攻擊，接二連三奪取摩洛人的領土。

摩摩人的陣營士氣低迷，於一四九二年一月二日投降，卡斯提亞正式併吞格拉納達，完成復國運動。接著卡斯提亞又在一五一二年合併納瓦拉王國，整個國土面積擴大為三分之二個伊比利半島大小。

在天主教雙王治理下，西班牙秩序恢復，貴族必須開始遵從王權。騎士團也被雙王所壓制，城市改由治安官（Corregidor，具有裁判權、警察權、軍事權的國王代理人）統治。國王顧問會議重新編組，成為由高階神職人員、法律家、騎士組成的官方最高統治機構。國王顧問會議將其他各部會獨立，創設了專門顧問會議（有異端裁判所、宗教騎士團會議、財政顧問會議及各地區的顧問會議等）。就這樣，國家統一有了實質的進展。王室賜予梅斯塔榮譽會（遊牧畜牧業從業者同業公會）特別庇護，除了諸多特權，同時扶植羊毛產業，藉此促進王國發展。

其中有一件事無法順利進行，就是應付擁有莫大勢力的教會。因為教會的神職人員不容許自己龐大的財富及特權受到侵害。可是雙王讓教宗承認，大主教的任命權握在王室手中，從而讓教會給予獻金或是透過教會繳交獻金（販售名為Cruzada贖罪券的錢，或皇家三一稅**Tercias Reales**，王室抽三分之一的稅，是從民眾繳給教會的錢十分之一中再繳交三分之一給王室），成為王室的固定權利。

然而，新組成卡斯提亞王國的成員中，亞拉岡聯合王國和卡斯提亞不同，握有國王議會立法主導權，另外掌管財政部門的國王議會常設代表，負責管理公債和賦稅。這樣的傳統與習慣，讓總督和伯爵這些代理制度的執行人，對於國王企圖執行的中央集權高唱異議。

亞拉岡聯合王國由於加泰隆尼亞後來所遭遇的一連串災禍，特別是從十四世紀半到十五世紀不斷發生鼠疫，導致人口銳減，銀行也接連破產，經濟大幅衰退。即便羊毛和其他商品可以自西班牙南部出口，但亞拉岡還是輸給了與熱那亞人的戰鬥。

異端裁判所與流放猶太人

卡斯提亞幾乎要統一伊比利半島的時候，天主教雙王讓自己的語言（卡斯提亞語）和天主教，普及所有居民，也讓每個人打心底歸附王國。

其中的關聯，以一四九二年人文主義家愛里歐．安東尼奧．德．聶布里哈，緊接在萊昂．巴蒂斯塔．阿伯提的《論文法》（一四四〇年）所作的歐洲最早期俗語文法書《卡斯提亞語文法》最為重要（圖2-9）。使用共同的語言溝通，使得原本母語各異的王國——後來成為帝國——各地區的人民都得以正確表達和接收他人的意見。

圖2-9　講臺上的聶布里哈

另一方面，基督教出現了一個強大的整合利器，那就是惡名昭彰的異端裁判所（圖2-10）。這是一四七八年由教宗允許設立，用來對抗異端分子，不過一開始犧牲者不是基督教的異端，而是猶太人。

其實人們從很早以前就對猶太人反感。猶太人早期分布在托雷多、布爾戈斯、哥多華、塞維亞等主要城市中，於保障信仰自由和自治的阿爾哈馬（猶太人社群）生活，從事金融、商業、手工業或是醫師、教師、公證人等自由職業，與基督徒和平共存。

不過到了十四世紀後半葉，由於鼠疫橫行，又發生經濟危機，於是「猶太人是犯下下毒謀殺、施法殺人等恐怖惡行的邪惡共犯」這種謠言廣為流傳，將經濟、社會狀態的惡化怪罪到猶太人身上。

圖2-10　異端裁判所的信仰審判（異端判決宣告式）

由於猶太人經營高利貸、幫政府收稅等，累積了民眾的不滿，終於在一三九一年，從塞維亞開始，到一四二〇年之間，猶太人處處受到迫害。猶太會堂被搗毀，數量驚人的猶太人被迫改變信仰，成為改宗者（從猶太教改信基督教）。

十四世紀末之後，「改宗者是否已成為真正的基督徒？」成為大哉問，於是從十五世紀中後葉起，基督徒在經濟危機和政治混亂時的攻擊對象，也包括了改宗者。王侯之間也利用反猶太風潮提高權威，天主教雙王為了穩定政治而迎合民眾的反猶太主義，於是下令驅逐猶太人以及開設異端裁判所。

一四九二年三月，天主教雙王於占領的阿爾罕布拉宮簽署改宗令，要求所有猶太人都改信基督教，若拒絕改變信仰，則財產充公，還必須離開這個國家。就這樣，數萬名猶太人改信基督教，有七至十萬人被驅逐出境。在下一章會看到，沒多久，同樣的命運也發生在穆斯林身上。

為了找出隱藏真正信仰的猶太人，在教宗的許可下，首先在一四八〇年於塞維亞設立了宗教裁判所。接著哥多華、托雷多、薩拉曼卡、塞哥維亞、瓦拉多利德、布爾戈斯、昆卡，甚至連亞拉岡聯合王國都有設置。異端裁判所不僅是羅馬天主教會的組織，更是在西班牙王權主導下行動的全國性組織。開設後的三十年間，被逮捕、調查、審問的通通都是改宗者。

惡名遠播的第一任異端裁判所長，是道明會的神學家修道士托馬斯·德·托爾克馬達。他很遺憾有猶太人自稱是改宗者卻不接受洗禮（但其實他本身也是改宗者），便以檢討、解決改宗者的宗教、社會地位為目標，鼓動親朋好友、兄弟會、工會內部成員密告，反覆拷打和審問，從一四八三至一四九八年，以火刑處死約兩千名改宗者，其餘一萬數千人則施以其他刑罰。

卡斯提亞和亞拉岡，在十五世紀中約有二十五至三十萬名猶太人改信基督教，但若是飲食習慣或是祈禱方式稍有不同，就會被認定不是真正皈依。

天主教雙王的時代，是西班牙光榮的時代，跨越了分裂、達成了國家統一，但同時也是不幸的開始。這個新生的王國只認同原本的基督徒為人民，結合純種的意識形態，變成鞏固強大的王權。為了將意識型態化為實體，將可怕的執行部隊（軍隊、耶穌會、異端審問制）當成手下來使用。

將歷史上構成自身文化與習俗的要素，視為「異端」加以排除，為了完成新國家的統一，轉換為發現、征服新大陸的能量……這或許也是西班牙展現熱情的另一個面貌。

第3章

西班牙黃金時代

——16、17世紀前後——

保護西班牙征服者的聖母瑪利亞

從十六世紀到十七世紀，這個時期是西班牙的「黃金時代」，以「日不落帝國」之姿君臨世界。西班牙和葡萄牙是最早開拓新航路的國家，從十五世紀後半起，開始在美洲大陸建立殖民地，並將財富和資源運回本國，這也是其繁盛的原因。

前往未知大陸的冒險魅力

一四九二年對西班牙來說是非常重要的一年。除了前面所說，攻陷格拉納達，統一伊比利半島，另一個就是伊莎貝拉女王資助哥倫布，從大西洋往西航行，進而「發現」了美洲大陸——其實只是哈瓦那群島之一。平息將近八百年「內戰」的天主教雙王，將領土擴張到了海外。

當然，這兩位虔誠的國王不單只是為了擴張領土而揮軍海外，就像復國運動一樣，這次是以Conquista（征服）為目的，亦將基督教傳播到新天地，他們深信這是神的意志所為（圖3-1）。

不管怎麼樣，西班牙和葡萄牙的冒險家紛紛

圖3-1　三塊大陸上的十字架，宣示天主教雙王對世界傳教的使命

前往新大陸致力於開拓新天地。卡斯提亞的卡拉維爾帆船（擁有二至四根船桅的快速小型帆船）和葡萄牙船艦在大西洋上競爭，一四九四年，在教宗仲裁下簽訂的《托德西利亞斯條約》（*Tratado de Tordesillas*）中，規定以維德角群島西方的三百七十里格（一里格約五・五公里）南北經線為界線，明定「葡萄牙占領東方，西班牙占領西方」。女王開始在大西洋對岸開拓地進行通商。一五〇三年，在塞維亞設立了殖民地事業中樞機構——印地亞斯委員會。

在發現新大陸的事業中，以兩件事最為有名，一是埃爾南・科爾特斯的遠征軍在一五二一年征服阿茲提克帝國，一是一五三三年法蘭西斯克・皮薩羅（圖3-2）的遠征軍征服印加帝國。王室與非個人集團之間會針對這些遠征事業做出協定，分配經費與利益。成功征服的人除了礦石和珍珠，還能獲得土地、公職、特權、封號等。

圖3-2　皮薩羅

參與這些事業的冒險家都是怎樣的人呢？他們不單只是追求金銀財寶，也是心心念念要拓展天主教教義的虔誠信徒。

卡斯提亞是長子繼承制（長男繼承所有財產的制度），因此貴族家只要不是長男，都想在新天地獲取功名和榮耀，好成為騎士傳說的主角，於是紛紛成為冒險家。而在貴族之中的貧窮仕紳，就肩負起探險征服的關鍵任務。也有很多人是因為無所事事才參加。十六世紀時，據說有大約二十四萬人渡海到對岸。監護主（參照下一節）、官吏、神職人員、礦山老闆、商人、工匠、農民等紛紛殖民、定居在新天地。

每個人都秉持著對國王的永遠忠誠，外加勤勉努力，懷抱著遠大的夢想，希望將天主教教義傳遍世界，奉獻給神，然後在聖母瑪利亞或聖雅各的守護下，獲得領土，侍奉國王。

不過這些夢想中也有追求名聲的慾望。征服者遭遇了許多困難，但每當面臨危機，他們就會對部下說出「與其苟延殘喘，不如光榮赴死」這類故事詩裡頭的話。

以科爾特斯和皮薩羅為首的征服者，在新天地的確發現了金銀財寶，不只在西班牙，甚至在歐洲掀起一股旋風。一五四五年，發現了秘魯總督轄區（包含現在的玻利維亞）的波托西銀礦，由於發明了新的提煉法，在一六六〇年之前總計運送了一千六百萬公斤的白銀到塞維亞。金子也有十八萬五千公斤的生產量。因此有許多人相信新大陸是充滿黃金的理想國度「黃金國」。

來自墨西哥、秘魯、玻利維亞等地的大量白銀流入歐洲，掀起價格革命，導致物價上漲、工商業發達、領主階層沒落，同時也引進了歐洲不曾有過的食物（番茄、玉米、馬鈴薯等），大幅改變了歐洲的飲食文化。

委託監護制

這一節來談談西班牙在新大陸統治殖民地時，有哪些獨特的型態。首先是經營從原住民那兒搶來的土地，其獨特的型態叫做「委託監護制」。

這是在西元一五〇三年二月二十日，由伊莎貝拉女王頒布法律而決定的制度，為了教育那些新成為西班牙國王臣民的原住民，這個重責大任委託給了探險和征服有功的西班牙人，取而代之的是，允許他們可以奴役原住民去開採貴重金屬等，並將一定數量的原住民印第安人發配給殖民者去從事重度勞動（接受這分委託的西班牙人就叫監護者）。印第安人的土地所有權不只是形式，還因為監護主保護和教化特定的印第安團體，所以可以從他們身上徵收賦稅和榨取勞力，其實是一種非常自私的制度。

這個制度使得原住民陷入苦海。加上總督和征服者獲得領土，又被委任經營土地，所以西班牙人之間開始互相爭鬥。委託監護制一開始是在海地島嶼區實施，後來普及到南美北部，甚至到中美及墨西哥。

美洲被征服後，托缽修會立刻派出修道士傳教。墨西哥是他們的主要目標區。方濟各會、道明會、奧思定會也搶進，設置教堂和傳道所，引進教區組織，發揚歐洲文明。

跟英、法、荷等國家的殖民經營者不同，西班牙的冒險家不是累積財富後就衣錦還鄉，而是移居至此獲得土地，建設自己的豪宅，積極與原住民通婚，他們的子孫稱為墨斯蒂索人（白人與印第安人的混血）。其實這也關係到印第安在宗教及文化方面的教化，土著文化與天主教文化相互融合，催生出了頗富趣味的文化。

熱情的冒險者追逐夢想，勇赴新大陸，不過基於好意的福音傳播，卻成為重大「罪惡」。畢竟委託監護制本身就是對當地人極不合理的制度，在征服秘魯和墨西哥的過程中，還破壞了優秀的古代文明，虐殺大量的原住民（圖3-3）。

在礦坑裡重度勞動而殞命的印第安人不計其數。被征服前原本約有一千一百萬原住民人口，一六〇〇年時驟降為十分之一。「搞偶像崇拜的野蠻原住民，本來就該被高貴有教養的歐洲基督徒統治。」這種理由根本就是傲慢的基督教至上主義以及歐洲至上主義。印第安人被當成奴隸的狀況，經過神學家抗議，伊莎貝拉女王於是同意在一五〇〇年禁止此條例，但人們早已認定「印第安人有著殘忍的習俗」，所以還是有許多人鑽漏洞。

圖3-3　被西班牙人虐殺的原住民

印第安原住民的救贖

敢於挺身面對這種情形的，是稱為「印第安之父」、「印第安使徒」的巴托洛梅·德·拉斯·卡薩斯（一四八四～一五六六年），他是一位西班牙神職人員。他以《印地亞斯毀滅述略》（一五五二年）一書，舉發四十年間美洲原住民不分男女老幼，至少有一千五百萬人在基督徒的暴虐下被殘忍殺害，其殘忍的方式如下所述：

（在伊斯帕尼奧拉島上）基督徒互相比賽，誰能一刀砍斷印第安人的身體、斬斷頭顱或割破內臟，甚至以此打賭享樂。還有天主教徒搶走印第安母親餵奶的嬰兒，抓住嬰兒的腳，朝石頭甩過去，砸爛嬰兒的頭顱。更甚者，有基督徒笑著出於有趣，將嬰兒扔進河裡，掉進河裡之後如果有人喊：「可惡，還會動耶！」就有基督教徒用劍，一併刺穿母親與嬰兒。他們對眼前所有印第安人的所作所為，就是這麼的殘酷。

有人批評拉斯．卡薩斯的記錄偏頗，不具參考價值，但即便內容多少有些誇大，征服者在隨軍道明會修士的祝福下，進行多次大屠殺仍是不爭的事實，是不能被赦免的重罪。在科爾特斯和皮薩羅這些知名征服者的後面，有無數的小征服者，他們同樣都在虐殺和掠奪原住民。

拉斯．卡薩斯遊說王室廢除委託監護制，主張印第安人的人權，這樣的理想逐漸擴大，在大學、宮廷、政府等知識分子、精英之間掀起討論。然後在一五四二年，印第安新法成立，禁止將原住民當成奴隸，並廢除委託監護制。

其後，雖然監護主有反彈，但印第安奴隸制到一五六〇年時已實質銷聲匿跡，原住民成為國家付錢聘請的勞動者。

取而代之的，是從塞維亞輸入大量非洲黑奴到美洲。這些黑人就不被認可擁有印第安人的權利，除了成為家庭奴隸或做手工業，還被任意使喚，負責栽種甘蔗或畜牧等粗重工作（圖3-4）。

圖3-4　被迫栽種甘蔗的黑人奴隸

稱霸天下的黃金時代

西班牙黃金時代的政治、外交又是怎樣推進呢？首先看看十六世紀到十七世紀初的情況。

一五〇四年，伊莎貝拉女王過世後，聯合王國當中的卡斯提亞（萊昂）王國的王位由人稱「瘋女」的次女胡安娜繼承，然而由於她沒有統治能力，因此按照伊莎貝拉的遺言由伊莎貝拉的夫婿斐迪南（他一直都是亞拉岡聯合王國的國王）代為統治。

可是胡安娜的丈夫、哈布斯堡家出身的勃艮第公爵、美男子菲力普（菲力普一世）的策劃奏效，斐迪南需繳交一半來自新大陸的收益，讓他離開卡斯提亞。一五〇六年，在議會的承認下，胡安娜成為卡斯提亞＝萊昂女王，菲力普是王夫（女王的配偶），一同統治這個王國。不過幾個月後，菲力普就驟逝，樞機主教希梅內斯．德．西斯內羅斯（一四三六～一五一七年）擔任貴族評議會議長，負責統治國家。

回到亞拉岡的斐迪南國王，在西元一五一六年去世，胡安娜和菲力普在法蘭德斯長大的長子卡洛斯，在布魯塞爾的宮殿宣布即位為「西班牙王國」國王，隔年就來到西班牙（卡洛斯一世後來成為神聖羅馬帝國皇帝卡爾五世，一五一六～一五五六年在位）。哈布斯堡王朝所治理的西班牙於焉誕生。

卡洛斯一世生於法蘭德斯，自幼成為勃艮第公爵，曾說過自己並非西班牙（卡斯提亞）人，身邊的近臣也都是勃艮第人，因此人民討厭他，甚至發動叛亂，持續了三年。

再加上一五一九年，卡洛斯被選為神聖羅馬皇帝，便任命攝政官，自己則經常不在西班牙。為了籌措王室經費，他召開國王議會，通過提高稅金的政策，因此惹怒了人民。為了維護財政改革和傳統的國法、城市特權，發生了自治區起義（一五二〇～一五二一年）。這場起義從托雷多、塞哥維亞等地擴大到北部卡斯提亞，城市治安官都被放逐。不過貴族和司法界人士獲得國王支持，因此沒多久起義就被鎮壓平息。

卡洛斯與法國交戰（一五二〇年代），又跟土耳其大動干戈（一五三〇年代），一五四〇年到一五五〇年則是忙著對付勢力與日俱增、威脅到天主教的基督新教。為了這些戰爭，維持秩序使得花費驚人，於是不斷和德國人、熱那亞人、法蘭德斯人、西班牙人等銀行家借錢，財政破產只是時間上的問題。

卡洛斯在一五五六年將西班牙王位讓給兒子菲力普，神聖羅馬皇帝的王座則是由卡洛斯的弟弟斐迪南繼承。菲力普二世（一五五六～一五九八年在位，圖3-5）在瓦拉多利德出生，會講卡斯提亞語，是個比父親更深耕西班牙的統治者。

菲力普將卡斯提亞和亞拉岡區分為兩個國家，並推動中央集權制度。他把宮殿、政府從瓦亞多利和托雷多遷移到馬德里（一五六一年），一五六三至一五八四年在西北部建立兼具教會、修道院、陵墓和圖書館的巨大埃斯科里亞爾宮殿，以象徵絕對王權。

圖3-5　菲力普二世

在他治下，霸權延伸到歐洲，並將自己國家定位為天主教盟主，但是除了拓展天主教這類宗教意圖，也包含擴張領土的野心。菲力普二世的時代戰爭不斷，最後將西班牙推上黃金時代的頂點（地圖3-1）。

一五七一年，菲力普在勒班陀戰役打敗鄂圖曼帝國。當時葡萄牙因繼承者問題而搖擺不

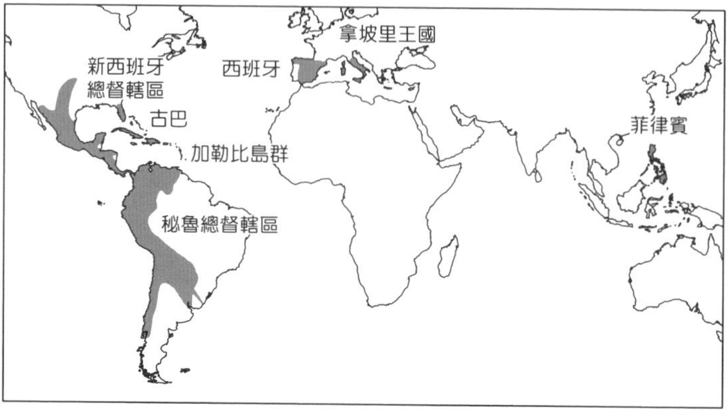

地圖3-1　黃金時代的西班牙帝國（灰色部分）

定，由於阿爾瓦公爵揮軍入侵，迫使葡萄牙議會承認西班牙指派的繼承者，獲得了葡萄牙王位，並在一五八〇年統一兩個王朝。

菲力普二世藉此將支配權擴張到整個伊比利半島，連帶取得葡萄牙的海外殖民地（巴西和非洲、亞洲的殖民地），西班牙正式成為帝國境內隨時都有太陽在空中高掛的「日不落帝國」。

菲力普二世打敗鄂圖曼土耳其，統治地中海後，接著傾全力打壓意圖獨立的荷蘭（低地國）。不過由於荷蘭有英國做後盾，因此戰況非常危急。

一五六六年，從廢止異端裁判所以及要求召開全國議會的貴族運動，引發「荷蘭獨立戰爭」，兩年後，逃到德意志的奧朗日公爵威廉一世起兵反叛，戰事出現明顯的宗教色彩，這場戰爭綿延至一六四八年，後世又稱為「八十年戰爭」。

一五七九年，低地國北部七州結為烏得勒支同盟，一五八一年宣布「獨立」，建立荷蘭國。

菲力普二世和法國國王亨利二世女兒伊莉莎白．德．瓦盧瓦結婚，開始干涉法國內政，他為了避免新教影響法王而支持天主教聯盟（神聖同盟），但其實想讓自己女兒登上法國王位的野心昭然若揭。

儘管西班牙長期想和英國締結同盟，但英國派遣軍隊支援荷蘭，且伊莉莎白女王反天主教旗幟鮮明，允許英國船隻劫掠從新大陸滿載財寶運回國的西班牙船隻，於是西班牙最後決定復仇。

就這樣，一五八八年的七月到八月，西班牙「無敵艦隊」約一百三十艘準備進攻英國，與英國海軍在英法海峽開戰。但是由於天候惡劣，戰況沒有進展，還因為衝撞事故和爆炸意外，導致許多船隻無法前進，無敵艦隊最後嘗到敗北屈辱（格瑞福蘭海戰）。

這次的失敗是一個徵兆，讓「太陽」蒙上陰影，但是英國並沒有因此就掌握大西洋的霸權。西班牙透過組織改革和重建艦隊，繼續稱霸天下一段時間。

聯邦君主制的統治體制

當時哈布斯堡家族的皇帝（卡洛斯一世、菲力普二世、菲力普三世統治的一五一六～一六二一年間）除了新大陸、西班牙，還掌握了舊大陸的霸權。在國內雖然允許各地有很高的自治權，但卻是運用中央官僚制度，使統一王朝開花結果。

再詳細解說。即便在這個時代，治外法權自治法這種地方和城市的傳統特權仍在，一半以上的課稅權和裁判權，都掌握在教會和貴族手中，王權無法介入。話雖如此，王權身邊有優秀的官員支持，高等法院、最高委員會、國務秘書官等其他制度，都由大學法學系畢業人士擔任行政官（同時也是貴族）致力於有效經營。因此黃金時代的西班牙，擁有歐洲最完善的國家機構。

西班牙與其說是個統一的王國，更像是由卡斯提亞、亞拉岡、加泰隆尼亞、瓦倫西亞等多個王國共主邦聯組成的「聯邦君主制」（卡斯提亞國王同時也是米蘭大公和法蘭德斯伯爵，所以稱聯邦君主制）。也就是說，有多個王國在政治、法律、稅賦、軍隊、貨幣等各方面都完全獨立，議會也都分開運作，卻擁戴同一個國王。

加上重組、開設處理帝國內部各地種種問題的委員會（卡斯提亞、亞拉岡、納瓦拉、義大利、葡萄牙、西印度的各委員會等），讓整體的統治機構營運更加順暢。同時另外新設置秘書局和特別委員會，將權力集中於國王，並確保政治作業的效率。

卡洛斯一世（卡爾五世）和宰相法蘭西斯克・德・洛斯・科沃斯，在瓦亞多利附近的西曼卡斯城內，設置存放所有公文的總檔案館，以確保行政體系順暢無礙，並保持一貫性。另外他還增加副王職位，最後定為九個（亞拉岡、加泰隆尼亞、瓦倫西亞、納瓦拉、薩丁尼亞、西西里、拿坡里、新西班牙、秘魯）。把遵照國王意志統治當地的副王（大貴族，圖3-6）安置在各王國，就能實現活化地方行政以及中央集權化。

圖3-6　秘魯副王路易・德・韋拿斯高

經濟的興衰

就這樣，西班牙王國終於成立，直到一五八〇年代之前，卡斯提亞在統治上都很穩定，經濟有所發展，人口也增加，城市亦逐漸成長。

例如塞哥維亞和昆卡這些卡斯提亞中央的城

市，毛織品工業採用批發制而呈現欣欣向榮的景況。其他還有哥多華的皮革，哥多華、托雷多、瓦倫西亞的絹織品，托雷多的武器裝備，格拉納達和萊萬特的生絲生產都相當出名。

與外國的貿易中心地，就是羊毛輸出基地——畢爾包和塞維亞，後者熱那亞商人大為活躍，與新大陸的貿易則是由受王權庇護的塞維亞大商人獨占。還有受惠於鐵礦的巴斯克，以畢爾包為中心，製鐵業發展旺盛。

農業方面，為了增加小麥生產量而進行開墾，橄欖和葡萄的栽種也很興盛，葡萄酒和橄欖油都運往西印度販售。不過賺錢的僅有一部分富農，耕地不足、佃農處境惡化、重稅等影響，導致小農沒落，而且十六世紀末又因為瘟疫、飢荒叢生，使得人口減少、農村荒廢。

再加上十六世紀末，外國生產便宜紡織品，無法競爭的紡織業變得蕭條。儘管有新大陸的財富填補，但也只是消耗，根本無助於基礎建設以及產業振興，工業的生產性依然很低，王室為錢所困。

充滿野心的外交、海外征伐，都使得西班牙的支出居高不下，卡斯提亞的王室課稅、負債、財政危機非常嚴重，最後終於在一五九六年破產。

後面會提到，十六世紀中葉開始，倍受折磨的摩里斯科人（改信基督教的摩爾人），因為稅金增加等，使得待遇更加惡化，加上異端裁判所又積極活動，沒收他們的財產，終於導致格拉納達發生阿勒普耶羅斯暴動（一五六八～一五七〇年）等叛亂。之後摩里斯科人依舊持續反抗，再加上菲力普三世的寵臣萊爾馬公爵勸說實施放逐令（一六〇九～一六一四年），使得亞拉岡和卡斯提亞失去所有摩里斯科人（約三十萬人），在財政上也是一大打擊。

就這樣，西班牙的經濟從十六世紀末期，開始在華麗招牌下出現許多難題，使黃金時代蟄伏著陰影。

耶穌會和海外傳教活動

西班牙謳歌黃金時代的十六世紀後半葉，歐洲的基督教世界分裂為天主教和新教。天主教必須對抗新教的宗教改革，為了統一聖務日課書和彌撒用書、確定教義，於是舉辦特利騰大公會議（一五四五～一五六三年），鞏固體制。天主教這種自行清理門戶的嘗試，稱為「對抗宗教改革」。

西班牙身為對抗宗教改革的尖兵，舉國擁護天主教，創建天主教國家。西班牙國王在世俗層面上脫離教宗獨立不受其制約，但在宗教層面上，教宗還是擁有無上權威。

另外，由（大）主教宰制的教會，擁有廣大土地與龐大財產，跟部分大貴族一樣是特權階級，對百姓多所壓迫。過多的修道士與修女、過於強大的天主教勢力，可謂是延遲現代化的原因。

這個時代創立了許多新興修道會組織，其中的耶穌會是支持對抗宗教改革又最好戰的組織。生於西班牙巴斯克地區的貴族依納爵・羅耀拉（San Ignacio de Loyola，一四九一～一五五六年，圖3-7）和生於納瓦拉王國的聖方濟・沙勿略（一五〇六～一五五二年），在一五三四年決定服侍拯救徬徨眾生的基督，在巴黎創立耶穌會，後來在一五四〇年獲得教宗保祿三世的認可。

圖3-7　依納爵・羅耀拉

耶穌會發誓在傳教方面特別服從教宗，因此他們的特徵是絕對服從教皇，熱衷進行使徒的活動，更以軍隊般嚴格規定為人所知。規定中有「為了神的莫大榮耀」，因此修道士必須是傳教士兼良心指導員，更要是神學、科學的學徒。所以修道期間比其他修道會都還要長，要花上數年學習各種學問。為了讚美神、侍奉神以及拯救靈魂，還要依據羅耀拉所著的《神操》（*Spiritual Exercises*）來進行冥想訓練。

耶穌會與日本歷史、天主教都有深厚關係。奉此會詔命前往世界宣教、為天主教竭盡所能的傳教士，曾遠到亞洲甚至日本。

聖方濟．沙勿略是重要的中心人物。沙勿略在一五四二年到達印度果阿，在葡萄牙王權的保護下開始傳教，在那兒建立最早的耶穌會總院（高等教育機構），其後在一五四九年八月來到日本。他從薩摩開始，前往平戶、山口、京都等地和佛僧爭論教義，努力傳教。沙勿略在西元一五五一年九月，將後面的事情交給傳教士同伴，從豐後離開日本。

不過，豐臣秀吉在一五八七年發布「伴天連追放令」，剝奪信仰天主教大名給予耶穌會修道士的領地，並予以流放。即便禁止信仰，西日本各地仍有著虔誠的信徒，天主教徒不減反增。

於是耶穌會在日本的傳教，催生出第一個歐洲派遣使節，此為「天正遣歐使節」。這是耶穌會巡察師范禮安（義大利人）的提議，以天主教徒大名的名義挑選四名少年，在一五八四年八月抵達葡萄牙里斯本，再走陸路前往羅馬，但會先謁見西班牙國王菲力普二世。另外，過了約三十年，一六一三年仙台藩主伊達政宗得到德川家康的許可，派遣西班牙出身的方濟各會成員路易．索特洛（正使）和支倉常長（副使）至歐洲，他們謁見了西班牙國王菲力普三世和羅馬教宗保祿五世，此為「慶長遣歐使節」。

耶穌會以西班牙人為中心而創立，從事著充滿冒險的傳教活動，此一時代領導天主教神學界的人也是西班牙人。

也就是說，以法蘭西斯克．維多利亞（一四八三／一四八六左右～一五四六年）和法蘭西斯克．蘇亞雷斯（一五四八～一六一七年）為首，西班牙出現了許多在歐洲各地大學完成指導使命的《聖經》學者兼神學家兼法學家，在天主教的護教論、恩寵與自由意志問題，或是存在論的重新思考和國際法的理論化等微妙深奧的問題方面，貢獻智慧。

西班牙的天主教統一

再征服運動完成時，格拉納達投降，當時卡斯提亞的條件很寬容，猶太人和穆斯林只要繳交一定稅金即可維持原本的宗教、法律、習慣，甚至是服裝，同時還允許由他們的地方執政官來治理。王室這麼做可穩定軍事，獲得自身利益。

不過幾年後，盲信的高階神職人員特別努力排除異教徒。曾擔任伊莎貝拉女王告解神父的托雷多大主教、樞機主教西斯內羅斯等人，刻意造訪格拉納達，驅趕以穩健立場推行教化政策的大主教埃爾南多・德・塔拉韋拉。西元一四九九年，西班牙全境開始迫害穆斯林，強迫數千人改信天主教，接受洗禮，亞拉岡國王斐迪南也站在同樣的立場，有人對反抗的年輕穆斯林訴諸武力，反彈的聲浪於是愈來愈高漲。

清真寺被關閉，伊斯蘭的經典被焚燒，哥多華數百間公共浴場被喻為「肉慾沉淪的魔窟」而被迫停業。一五〇二年，在格拉納達終於頒布穆德哈爾改宗令，要求穆斯林只能選擇被流放到他處，或是接受洗禮改信天主教。約三十萬名穆斯林改變信仰，以能繼續留在卡斯提亞和亞拉岡。不過有許多商人、工匠、知識分子、農民、醫師等穆斯林選擇捨棄國家。

在天主教雙王的治理下，前面提過，先是猶太人被迫流放或皈依天主教，後來為了維護天主教、排除異端而開設了異端裁判所。

異端裁判所當初只是逮捕一部分疑似潛在猶太教的改宗者，但從菲力普二世時代開始，就成為私底下箝制基督徒道德與精神的機構，只要是可能做出違背道德或性行為不當、放高利貸、受到法國或荷蘭等外來思想影響的人，都會被盯上。不只有基督新教被當作「異端」，連追求內心純化的照明派（後面會解釋）、伊拉斯姆斯主義者等，都被列入黑名單。

另一方面，摩里斯科人也成為這個時期宗教裁判所的目標。審判官為求教義深入到皈依基督教的穆斯林內心層面，因此禁止他們使用阿拉伯語和伊斯蘭風俗。反彈的摩里斯科人掀起大規模暴動，之後被流放，這些過程前面已經解說過了。

菲力普二世和菲力普三世時期的西班牙，嘗試藉由「正確的天主教教義」，從內在整合又稱馬賽克國家的聯邦君主制小國集合體，並徹底排除格格不入者。

「血統純淨」審查制

支撐宗教裁判所暗中活躍的要因之一，就是當時逐漸滲透西班牙社會的意識形態——「血統純淨」的狹隘意識形態。

原本當時的西班牙是聯邦君主制，各個聯邦國家的法律、政治與行政制度、議會、賦稅、貨幣、軍制等都不一樣。可是信仰「基督教的天主」鞏固了所有人認定自己是

「西班牙人」的想法，若是能用純淨的「血統」做保證，就能確保「西班牙」成為一個穩固的群體和維持一體性。

因此，從十五世紀末開始出現「純種」規範，在各種層面追求沒有繼承到猶太人或摩爾人的血統，並於一五四〇～一五五〇年成為一般通例。各個地方自治體都接納了這些規範，特別是聖堂參事會、兄弟會等與教會相關的團體，城市當局甚至大學、學院、行會（同業工會）也會用作人事方面的選擇標準。

想要加入前面提到的三個騎士團，必須是純正的舊基督徒，絕對不能混到猶太人、穆斯林，包括改宗者的血統。這點從十五世紀末就開始嚴格審查。

這讓「新基督徒」打消了改變信仰的念頭，因為這套規範會回溯到久遠之前的祖先，只要其中有一人是猶太人或摩爾人，血統就不「純淨」。耶穌會等一些思想扭曲的尖兵，就這麼教化民眾。

有意思的是，經常與土地接觸、祖先世代務農的農民，都會被確認為血統純淨。反之若是商人、醫師、知識分子，則會被懷疑有猶太血統。所以處處可見貴族拚命堅持自己的祖先是農夫之類的滑稽場面，而農民此時則會從出身模糊的貴族和騎士們那兒搶走「榮譽」，主張自己才是兼具純種和榮譽的人。

為了證明自己先祖完全沒有阿拉伯人和猶太人，需要許多證據或證人，並提供詳細的家譜供人調查。鄉下貴族會苦心準備證明——通常是捏造的——並慎重保管這些家譜或家譜證書，即便祖先建造的房舍已經破破爛爛，卻還是住在裡頭。不只血統，甚至還會調查父祖輩是否有從商或從事金融業等被視為可疑的職業。

十七世紀，毫無可信度的虛偽證據和詐欺行為橫行。例如，生於改宗者家庭的畫家維拉斯奎茲（Velázquez），為了成為「聖地亞哥騎士團的騎士」，拚死努力證明自己血統純淨一事廣為人知。

就這樣，從中世紀末期到近代初期，西班牙的天主教純化和血統純化兩相結合，推遲了社會的進步。改宗者和摩里斯科人受盡社會屈辱，被排除在高傲的社交圈外。當時的西班牙追求空泛的驕傲，輕視商業、技術、科學、知識等，因此無法孕育出資本階級，學術也無法進步，形成了深沉又黑暗的熱情。

在鍋釜中看見神的神秘主義

十六世紀時期，天主教還擁有龐大力量，西班牙出現了許多充滿活力、奉獻熱情給宗教的人。

首先是十六世紀初以方濟各會修女伊莎貝拉・德・拉・克魯斯為首，形成一支名為照明派（Almblad）的派系。他們消滅自我以純化心靈，將一切都交託給神的意志，希望自己的靈魂能與神直接交流。這種想法在新卡斯提亞（十一世紀被阿方索六世征服的托雷多王國的領域，現在的馬德里州和卡斯提亞・拉曼查州）許多城鎮村莊流傳，但在一五二四年，她與弟子佩德羅・露易絲・德・阿爾卡拉斯被視為異端而逮捕，其他弟子也被牽連。

這些充滿熱情的神秘主義開始向外擴張，除了有方濟各會，同時期還有道明會、奧思定會、耶穌會等修道院。神秘主義成為宗教裁判所的監視對象，其相關著作大多都在西元一五五九年被列為禁書，但不久，修道院內判斷被控制住的神秘主義並沒有想像中的危險，因此又默許其存在。之後出現相當多的神秘主義者，不過其中最為重要的就是十六世紀後半，亞維拉的德蕾莎和聖十字若望。

亞維拉的德蕾莎（一五一五～一五八二年）的祖先其實是皈依的猶太人改宗者，但在虔誠的天主教徒家庭中成長，憑自己的意願進入加爾默羅會，不斷進行嚴格修行，立志改革整個加爾默羅會。由於她的努力，一五六二年之後成立了幾間「赤足加爾默羅會」修道院。這是女子加爾默羅會的改革運動。

她將自己的神秘體驗和改革理想寫在《自傳》（一五六七年以前）《純全的道路》（同前）、《靈心城堡》（*El Castillo Interior*，一五八八年）這些著作裡。她認為，靈魂會隨著修行的過程朝神上升，依序抵達七個階段後，神的光芒就會順應德性照耀自己。她用平易近人的日常比喻來講述每個階段的試煉、克服的方式與心理準備，以及身為神的新娘向被擄走的魂魄賜予恩惠等。最有趣的地方就是在「鍋釜」中看見神這點，意指忙於家事而難以修行的主婦也能獲得救贖。

例如《創立史》（德蕾莎．德．耶穌，一五八二年）第五章說：「因此，各位姐妹，用不著氣餒。帶著順從的心，既然被命令進行外在的肉體勞動，就算是廚房的事務，要知道，就算是在鍋子裡頭也是有主存在的。主不管在外在還是內在，都會幫助我們。」

不是清高難以接近的宗教思想，而是生活周遭都能見到神的思想，稱為百姓風格神秘主義。伴隨著這股庶民風格，個人的熱情將德蕾莎和周圍的人——有農婦也有工匠——推向神秘主義。她們能像在描述父母兄弟一樣以講述、歌唱、示愛的形式來表達聖母瑪利亞和主耶穌基督，實在獨樹一格。

「美麗的熾天使無數次以箭矢貫穿心臟、深達五臟六腑，雖然品嚐到劇烈的痛苦，但也感受到無上快感。」甚至有像這樣講述神與人交流愛的方法，這種對神沸騰的願望令人驚訝。

聖十字若望

接著要提到聖十字若望（Juan de la Cruz，一五四二～一五九一年）。他在一五四二年出生於西班牙中北部亞維拉的小村莊，少年時期生活困苦所以做過木匠、裁縫師、木雕師等工作，之後為了成為修道士而進入加爾默羅會。

一五六七年，他在薩拉曼卡大學學習神學期間，與比自己年長的亞維拉的德蕾莎相遇，投身改革加爾默羅會的運動中。他與恩師德蕾莎一樣，接連建造「赤足加爾默羅會」的修道院並擔任指導人員，但卻與路線不同的敵人起糾紛，所以擔心自己是否會被捕入獄。

聖十字若望主要著作有《攀登加爾默羅山》（*Ascent of Mount Carmel*）、《心靈的黑夜》（*Dark Night of the Soul*）、《聖十字若望的靈歌》（*Spiritual Canticle*）、《愛

的活焰》（*The Living Flame of Love*）。這些都是他自己創作的抒情詩，再加上自己的註釋，以此形式深思神學。與其說他在描述神秘主義常有的靈修體驗，以及朝著與神合而為一的上升過程及階段，不如說他是在記載純粹的靈魂之聲。

《聖十字若望的靈歌》（一五八四年）將詩人的靈魂比喻為「新娘」，用「新郎」來形容耶穌基督。他用抒情豐沛的筆法描寫出，到達高層次兩人互相擁有彼此的靈性發展階段，以及各個階段的靈魂狀況，包含從中衍生的感情等。

在《心靈的黑夜》（一五八五年）中，靈魂在黑夜中孤零零地什麼都看不見，不過正因為逐漸邁向空無狀態，才是能迎接神的狀態。然後在通往與神合一的途中，會在重要地點說明靈魂放棄主動，要求採取被動的態度。

神光照耀靈魂，察覺到自己的醜陋而痛苦，「痛苦」和「被動」用的是拉丁文pati，是西班牙文padecer這個動詞的由來。以相同動詞做語源的passion是「痛苦」也是耶穌的「受難」，從聖十字若望時代開始，也代表戀愛的「熱情」，在他作品裡則是兩者意思兼具。以被動的態度跨越在靈魂深處的深沉痛苦，然後湧出激情之愛，這就是「愛的活焰」的形象，正是與神合而為一的階段。簡直可謂「熱情」passion的神秘主義。

因此，聖十字若望與德蕾莎即使被稱為「熱情的神秘主義者」，相信他們也不會在意。他們賭上生命的一切，帶著熱情經歷神秘體驗。

不過，為什麼西班牙會誕生這種庶民式神秘主義、熱情神秘主義呢？這是個很難回答的問題。法國宗教家理性又重視理論，即便強調感官性，卻欠缺熱情，所以法國沒能誕生一名優秀的神秘主義者，英國也一樣。在德國和荷蘭雖然自中世紀末開始，神秘主義者輩出，但都是理性、思辨式的「冰冷」神秘主義。想必正因為是熱情的國度，西班牙才能誕生熱情的神秘主義吧。

故事詩和流浪漢小說

那麼西班牙進入黃金時代後，在十五世紀末到十六世紀期間，除了地位在國際間躍升，還陸續誕生了怎麼樣的文學作品呢？

在這個盔甲武器撞擊鏗鏘有聲的國度，作品的主題以再征服運動的聖戰，與騎士道精神為主。中世紀加利西亞語和葡萄牙語的戀愛抒情詩不再流行，取而代之的是稱為「故事詩（浪漫集）」的騎士故事開始發光發熱。

中世紀的西班牙敘事詩頂級傑作《熙德之歌》如前一章所說的膾炙人口，在人民的記憶中不斷反芻，採納其他各式各樣的要素然後膨脹，以色彩、音樂、節奏喚起感情，誕生「故事詩」。從十五世紀末到十六世紀前半葉，都以便宜的粗糙紙張、裝訂印刷書廣為流傳。

初期的故事詩代表作為「Tirante el Blanco」（一四九〇年）的加泰隆尼亞語作品，另一個是卡斯提亞語的「Amadis de Gaura」（一五〇八年）。前者如實描寫當時的西班牙社會生活，是全新的特徵。後者則是講述優雅騎士冒險與戀愛的故事，據說影響了去新大陸旅行的人。故事詩不管對民眾還是貴族來說，都是看了心曠神怡的文學類型，更被採納為十六、十七世紀戲劇和小說的主題。

在這個時代還有稱為「感情小說」的文學類別，在宮廷貴婦之間蔚為風潮。微妙的心理動向、悲傷、憂愁、嫉妒、苦惱、喜悅等各種感情表達精妙，騎士與公主之間的愛情互動情節，也描寫得鉅細靡遺。

感情小說到了十五世紀末後接連問世，當中最重要的作品就是費爾南多・德・羅哈斯（Fernando de Rojas）的《塞萊斯蒂娜》（*La Celestina*，一四九九／一五〇二年）。

貴族卡利斯托在追逃走的老鷹時，闖進某間宅邸，對家世高貴的美少女梅利貝婭一見鍾情，於是拜託在那邊經營娼館且會使用妖術的老鴇（塞萊斯蒂娜）讓兩人能夠幽會。年輕男女捨棄榮譽和道德，掙脫名為婚姻的手銬腳鐐後，毫不畏懼，投身於自由戀愛中，但是貪婪的隨從和佣人卻背叛甚至將他們捲入犯罪中，偶然的不幸讓登場人物個個掙扎痛苦地死去，是描述命中注定的愛戀與死亡的故事。書中身心都化為熱情俘虜的男女樣貌，在出版後大受歡迎，直到十七世紀還再版多次，甚至出現仿作。

卡洛斯一世的時代（一五一六～一五五六年）又誕生另一種新的文學類型——充滿寫實諷刺社會的「流浪漢（picaresca）小說」。以「流氓」這種只會動歪腦筋賺錢維生的底層百姓，作為反派英雄主角。以為發跡卻很快就落魄的小貴族，與底層百姓相偕登場。不假修飾地詳細描繪出在黑社會暗中活躍的人，以及在嚴酷狀況堅強活下去的處世方法、鬼點子、一言一行。只不過西班牙的「流浪漢」雖是無賴，卻很重視「榮譽」，這是最大的特徵。

《托美斯河上的小癩子，他的身世和遭遇》（一五五四年）和馬泰歐．阿雷曼的《古斯曼．德．阿爾法拉切》（一五九九年）等都是知名的流浪漢小說。從十六世紀末到十七世紀前半葉正式迎來熱潮。

文學經典《唐吉訶德》

米格爾・德・塞萬提斯（一五四七～一六一六年）的《唐吉訶德》是西班牙黃金時代中葉的世界級文學傑作。第一部在一六〇五年出版，第二部則是在一六一五年出版。

故事中的主角阿隆索・吉哈諾，對騎士小說著迷到幾乎是精神異常、走火入魔，他意氣風發，矢言成為周遊世界、匡正世界不公、扶弱濟貧的騎士，於是說服住在附近的農夫桑丘・潘薩一同上路，騎著瘦馬羅斯南提，充當駿馬踏上旅程（圖3-8）。故事中當然少不了高貴的公主意中人，村姑婭爾朵薩就是唐吉訶德憧憬的夢中情人。

圖3-8　唐吉訶德和桑丘・潘薩

本書是庶民文學（國民文學），塞萬提斯跳脫知識分子甚或權力者的規範與拘束，為了獲得文學的自由而翩翩降臨到庶民之中。正因為辦到這點，才能用跨越身分、階級和智慧等級，以及毫不矯揉造作的文體與表現，來描繪人類鮮活的滔滔躍動感，感情的紋理亦刻劃分明。

書中有深深的憂慮以及令人發自內心的笑意。能夠喚醒讀者共鳴的透徹洞察力，這與塞萬提斯的熱情攸關，也與他出身改宗者家庭有關。

古典戲劇興盛

十六世紀接近尾聲時，西班牙在內政外交上的問題堆積如山，但文化活動沒有因此衰退。這不僅限於西班牙，每個國家政治史與文化史的走向經常都會發生「落差」。從下一章節開始，將會敘述西班牙的建築、雕刻、繪畫藝術全都在十七世紀前後到達頂峰，當然文學也是如此。

其中最關鍵的就是「戲劇」。西班牙的戲劇是以十六世紀中，洛佩·德·魯達以機靈的話語與角色互動頗受歡迎的喜劇為基礎，在菲力普三世和菲力普四世的年代（一五九八～一六六五年）迎來全盛期。接著黃金時代的劇作家，使用了高度的文學技巧與知識，以劇情有趣為優先，台詞也盡可能展現出魅力。

名留後世的劇作家，首推羅培・德・維加（一五六二～一六三五年）。擺脫被三一法則（劇情、時間、地點的條件限制）束縛的古典戲劇，以主線和副支線劇情交織的編排，加入宗教和世俗要素，揉合成新戲劇，這樣的大眾戲劇受到普羅大眾的喜愛。《培里巴涅斯和歐卡那的騎士團長》（一六一四年）、《羊泉村》（一六一九年）、《最好的法官是國王》（一六二〇～一六二三年左右）等，以這些作品為首，留下據稱多達八百件作品。其中主題大多是讓所有人煩惱卻又深信不疑的「榮譽」。

接著是提索・莫里納（一五七九～一六四八年）從羅培那兒借用主題（愛、榮譽、信仰、復仇），再加上匠心獨具的劇情和故事、舞台變化、心理描寫、人物行為、用字遣詞的組合做鋪陳，成為寓教於樂的戲劇。描寫唐璜的作品以《塞維亞的風流客與石頭客人》（一六二五年左右）最為人所知，不過其他還有許多歷史劇、宗教劇、喜劇、風俗劇。

然後最重要的當數卡爾德隆・德・拉・巴爾卡（一六〇〇～一六八一年）這位劇作家。他位居高峰相連的黃金時代文學頂端，被評為是代表西班牙人民心聲的文學家。卡爾德隆也試圖把羅培的新戲劇往前推進，運用更高一層的文采、比喻，製造複雜細緻又華麗的文體，選擇具有訴諸感受效果的台詞。《人生如夢》（一六三六年）、《世界大劇場》（一六四五年）等，都是他的代表作，留下超過一百一十篇喜劇（三幕劇戲曲）、約八十篇的宗教劇，以及其他類別的作品。

在卡爾德隆的作品中，最受讚揚的價值是「榮譽」。他讓《薩拉梅亞的村長》中的主角克雷斯波做出以下發言：「我會將財產與生命獻給國王。不過榮譽是靈魂的資產，而靈魂是專屬於神的物品。」同樣地，在《醫生的榮譽》（一六三七年）中也提到，即便妻子無辜，但若會失去榮譽、面子，丈夫就必須殺死妻子，以血洗去身體的汙點。為了榮譽、重視的事物，絕不能妥協，即便殺人也無所謂。榮譽簡直像凌駕一切的法律。

也就是說，只有神和自己的靈魂可以審判自身的榮譽，即使貴為國王、耆老乃至於整個社會，都不容侵害個人的榮譽。這點連文學都加以確認。可以說是熱情戰勝了理性的代表。

榮譽、愛和信仰，並列為西班牙黃金時代的戲劇三大主題。

奇知主義和文飾主義

十七世紀的西班牙文學作品，都在比賽用字遣詞的技巧。希臘語、拉丁語的學術應用不用說，通俗話和粗鄙話、各式各樣比喻和形容，對照法、並列法、文字遊戲、悖論、省略法、曖昧語、多義詞，運用各種技巧將作品妝點得美侖美奐。

其中最能代表西班牙巴洛克時期的作家，是法蘭西斯科·德·奎維多（一五八〇～一六四五年）和耶穌會修道士的作家巴爾塔沙·葛拉西安（一六〇一～一六五八年），他們的寫作方式稱為奇知主義（Conceptismo），為劇作家所承襲。

葛拉西安在一六四七年寫下《犀利與才智之術》這本奇知主義入門書，解說了文字、音節、詞性的轉換、對應、均衡、掌控的技巧。

奎維多的作品特徵是用充滿機智的文體裝飾作品，讓娼妓、囚犯、厚顏無恥的學生等登場，好讓人深深洞察到社會的弊端、人性的醜陋面，同時詛咒資產階級創新進取的個性、知識、技術等，反過來捍衛老舊貴族保守、傳統的價值觀。

在寫作技巧繼續演進的情況下，後來有了詩人路易斯·德·貢戈拉（一五六一～一六二七年）代表的文飾主義（Culteranismo）或貢戈拉風格。貢戈拉寫實地描寫大自然與社會，使作品脫胎換骨成神話、傳說等。為了以文體表現情侶及其內心的終極之美，他使用難以理解的隱喻、倒裝法、新創詞彙來描繪天與地、肉體與靈魂、自由與束縛等兩種極端的對照。另外在色彩、音樂性、節奏感等表現極為多采多姿。《波呂斐摩和加拉特亞的寓言》（一六一二年）和《孤獨》（一六一三年）等，都是眾所周知的代表作。

而前面提到的劇作家卡爾德隆的特色則是，完全掌握奇知主義和文飾主義，使用脫離日常生活的誇張詞彙、豐富的詩意表現和音調高的節奏韻律，構築色彩鮮艷又豪奢壯麗的言語式巴洛克建築。

在本節介紹的作家，擅長以複雜怪奇的文學世界實現誇張表現，但其誇張程度並非是用分析推論的理性導出的倫理或秩序，而是任憑枝葉擴張、伸展繁盛的一種熱情表現法。

改宗者的文化創造力

創造出西班牙黃金時代的文化推手，其實大多都是改宗者。即便想要建造一個「純種」天主教教徒王國，但血統純淨本身就是一種幻想，猶太裔皈依基督教的改宗者（皈依者）在外觀幾乎與舊基督教徒無從分辨。

可是隱瞞這件事、深信自身的優越性與榮譽而過著社會生活的人們，內心卻產生了不為人知的精神化學變化。

《塞萊斯蒂娜》（*La Celestina*）作者費爾南多．德．羅哈斯、多數的流浪漢小說及牧人小說的作者，廣為人知的人文主義家胡安．路易斯．維夫斯，以及路易斯．德．萊昂、思想家戈麥斯．佩雷拉、神秘主義者亞維拉的德蕾莎，再加上聖十字若望、照明派的許多人，作家塞萬提斯、馬泰歐．阿雷曼、維多利亞、「印第安之父」德拉斯．卡薩斯、畫家維拉斯奎茲等，這些人都生於改宗者家庭。

這些改宗者出身的人，之所以能創造出獨到的文化，主要在於外界對他們冰冷扭曲的目光、被隱性歧視所苦，即便內心已經是個基督徒，卻不能對外在禮儀或習慣表達興趣，於是他們潛沉至內心，表現出不管在何種狀態下都不會動搖的自我固有存在性。

從生命存在的深度擠出來的熱情言語或形象，壯麗譜出包裹自己的矛盾社會，開闢了新時代。改宗者們被舊基督徒的黑暗熱情所包圍，既然他們可以運用自己受的苦，表現出亮麗的創造力，想必亦能在異文化交流中成為熱情的溫床吧。

西班牙的巴洛克設計

在西班牙，不存在類似文藝復興的事件。當其他歐洲國家在十五、十六世紀掀起文藝復興，西班牙卻因為教會勢力很強，所以不但保持，還繼續推廣中世紀的嚴格天主教教義與莊嚴儀式，因此根本無法期望會出現古希臘羅馬的文化復興，以及個人才華的自由解放。

不過西班牙藝術的在地、民俗寫實主義，猶太與伊斯蘭、基督教的融合，使人們產生了對神秘或幻想的渴望。十七世紀主要的獨特巴洛克美術會在西班牙興盛就是這個原因。巴洛克美術興盛的時期，和前面所說的文學世界古典戲劇全盛期幾乎一致。

那麼西班牙的巴洛克建築有著什麼樣的特徵呢？根據F．CHECK所著的《西班牙建築的特質》，西班牙的巴洛克建築裡，並沒有其他國家會看到的波浪形牆面以及追求明暗對比的巴洛克裝飾，也不是專注焦點、立體感、透視畫法，著重統一，並以此流動性為宗旨的巴洛克風格。

拘泥於「穆德哈爾主義」（曼努埃爾風格和銀匠式風格），重視分量（容量）的厚重感，以平面且濃密豐饒的裝飾，包覆嚴謹的牆面，保留與格拉納達的阿爾罕布拉宮和哥多華主教座堂的親近感，這就是與阿拉伯世界、猶太世界長年交流而產生的獨到西班牙式巴洛克建築。

西班牙式巴洛克建築中有水平或垂直或兩者兼具的非連續分段空間與跳躍空間，天井也有層次。再透過質量互相交疊聚集，衍生出複雜多樣的型態。然而這種型態的基本狀態通常不是長方體，而是多面體，不像其他國家線條圓潤。內部有的像是洞窟或鐘乳石洞，如同茂盛的植物，分泌物化為結晶，生命體逐漸成長。現代建築師高第亦承襲了這種擄獲人心的感覺。

西班牙式巴洛克的教堂內部有大量的表面裝飾。藤蔓和花朵、漩渦圖案、貝殼、繩索、錨等，都是在石頭雕刻上加以金銀做細部裝飾。窗戶或入口周圍，或連接的部分、祭壇和周圍都裝飾得格外華麗。

像這樣接連蓋出的西班牙式巴洛克建築的傑作，有格拉納達的王室禮拜堂、聖地亞哥的天主教雙王窮人醫院等與王室有關的設施，除此之外還有位在托雷多、具備異常豪邁雙塔的聖胡安包蒂斯教會，佩德羅·德·古米耶爾受西斯內羅斯樞機主教委託的阿卡拉大學等。還有在薩拉曼卡聖斯德望修道院的表面（正面設計）可以看到銀匠式風格的傑作（圖3-9）。

大貴族的宅邸也是以此風格建造。這樣的宅邸有著莊嚴、令人肅穆的立體塔和三角屋頂。

圖3-9　薩拉曼卡的聖斯德望修道院

聖像和幻視畫

那麼，巴洛克教堂建築內部的雕刻與繪畫有什麼特徵呢？

就像神秘主義者能在日常生活所需的廚房中看見神一樣，西班牙一般信眾比起禮拜神、基督、天使等高高在上的存在、學習難解的教義，更喜歡崇拜具有肉體的地上存在。

從這個時代開始流傳令人瞠目結舌的習俗——「聖像遊行」（Paso）。這是地方各教會的祭日，特別是以聖週或是聖體祭贖罪儀式為絕佳時機，兄弟會成員布置雕像搭乘花車遊街。遊行表現基督受難的各個場面，以裸露滿身瘡痍的基督為中心，搭配聖母瑪利亞或聖巴斯弟盎等聖人，宛如移動式受難劇。

雕像素材不是木頭而是蠟，塗成五顏六色。主題通常是「基督受難」，基督巨大的雕像或是承受磔刑，或是吊在十字架上，赤裸裸地呈現出人類救世主受苦受難的真實樣貌。痛苦而扭曲的臉、流淌的鮮血、彎曲的四肢，肉體承受的苦痛愈是龐大，沿途的民眾愈是感恩，渾身顫抖啜泣，大聲合唱即興歌曲，屬於非常巴洛克的習俗。

在基督後方，還有痛苦扭曲、臉頰滿布淚水的「悲傷聖母」，以及肉體與精神都憔悴不堪的聖人雕像。這些可說是嗜虐、病態的嚇人行列，無疑是西班牙民眾熱烈信仰與展露熱情的管道。在這裡，熱情即代表受苦，同樣表達出passion的雙重性。

即便到了現在，塞維亞、馬拉加、哥多華，甚至莫夕亞、洛爾卡、卡塔赫納等地，每到聖週期間，就會有傳統肅穆又奇怪的聖像在城市中遊行。

聖像不只是在花車隊伍裡頭出現，也出現在大教堂、修道院禮拜堂、教區教會內的巨大祭壇屏風裝飾雕刻上。這些比起王公貴族更受到民眾的熱烈歡迎，人們彷彿全都展現出激烈熱情與心醉神迷。

對當時的藝術家而言，製作聖像是最重要的工作之一。胡安・馬丁尼茲・蒙塔涅斯、薩爾希納、阿隆索・卡諾、格雷戈里奧・費爾南德斯、佩德羅・德・梅娜等藝術家都是代表人物。

在教會裡頭裝飾的繪畫也非常寫實，以此為關聯而投入神秘世界，這一點跟雕刻類似。像是有很多雙乳被切下、流淌鮮血的聖女格西爾達等驚悚的殉教圖畫。被彎刀砍斷的傷口，肌肉的收縮和飛濺的肉塊全都鉅細靡遺，仔細描繪出逼真的肉體。

「幻視繪畫」在西班牙的巴洛克時期大流行也至關重要。亦即聖人、神秘家等人的幻視體驗，頻繁地透過繪畫作為媒介發生，並將場景再畫成圖畫。靈活運用視覺陷阱（Trompe-l'œil）或錯視技術巧妙繪製出的圖，會讓觀者因幻視而陷入恍惚狀態。幻視體驗與繪畫體驗不斷來回交錯，從圖畫中看到聖母瑪利亞或《福音書》作者約翰翩翩降臨，或是在外面看到跟畫中瑪利亞一樣的人物。

例如穆里羅的《帕多瓦的聖安東尼的幻視》，觀賞者分不清自己看的是圖畫還是祭壇屏風、亦或是幻視。其他還有卡爾杜丘、李巴爾塔、路易・德・莫拉萊斯、斯爾巴朗、里貝拉等人，都很擅長這種幻視繪畫。

庶民宗教的發展

如上所述，十七世紀前後的一百幾十年間，在西班牙流行的巴洛克美術，最重要來自於人民自發性高漲的信仰，以及教會當局引導人民不要偏離虔誠的努力。所以雕刻、繪畫這些藝術作品同時也是加強「庶民宗教」的重要手段。

對西班牙民眾而言，聖像的主要角色、滿身可怕傷痕的基督也是如此，不過聖母瑪利亞成為人民更加崇敬和愛慕的對象。西班牙人民對瑪利亞的崇拜，成為「庶民宗教」的核心。

中世紀以來，在西班牙境內祭拜瑪利亞的教會若是發生了奇蹟，就會有大批朝聖者前來拜訪。十六、十七世紀為了爭取人民信仰，在聖母瑪利亞現身、引發奇蹟的地點，蓋了更多的禮拜堂、教會。另外，人民會以「¡Santísima Virgen!」（至聖貞女）或「¡Virgen!」（貞女。語調接近英文的Oh my God）來指稱聖母瑪利亞，在驚訝、困惑時或在許多情況的打招呼中脫口而出，西班牙人這種對瑪利亞超脫常軌的狂熱崇拜，連外國人都感到驚嘆。

特利騰大公會議之後，「聖母無染原罪」的教義以及表達、描繪出純潔無垢的瑪利亞圖畫，受到人民的熱烈崇敬。方濟各會和耶穌會成為推手，唯有神能讓聖母瑪利亞的處女身懷孕產子，因此瑪利亞是毫無汙穢的特殊存在，後人創造了許多表達這點的繪畫與種類豐富的木雕。

聲援庶民宗教的不單只有藝術作品，還有聖人傳記。十六、十七世紀描述同時代聖人事蹟的傳記和集其大成的作品，都是再版多次的暢銷之作。例如安琪拉·瑪格麗特·

塞拉菲娜修女（一五四三～一六〇八年）、多明哥・亞那頓師（一五三〇～一六〇二年）等都是代表範例，卡拉特拉瓦騎士團團員頓・米凱爾・德・曼雅拉等人的傳記也被人民傳頌閱讀。

虔誠又慈愛的聖人，除了忘我、啟示、奇蹟，悔悟後，心靈從罪孽移轉至聖性的過程也牽動人心，挑動人們在宗教方面的想像力。

再來還有聖人戲劇，栩栩如生又具體描述升天、天使與惡魔出現、出現奇蹟的場景，使得人們大受感動。

因為這類藝術和天主教文學而加深信仰的人民，深信舉行彌撒可以洗清死後的所有罪孽，為了自己和家人，希望死後做幾百遍甚至數千遍彌撒，以救贖靈魂，只不過這種熱誠卻讓他國民眾卻步。此外，幫助貧民、孤兒、病患、窮困學生的慈善事業，在這個時代非常興盛，負責的兄弟會在十七世紀中葉甚至辦了兩萬場以上的慈善活動。

「畫家中的畫家」維拉斯奎茲

黃金時代的西班牙不只有平民藝術，洗練的宮廷美術也很興盛。特別是奠基於以義大利為首的歐洲美術「西班牙繪畫」，就是由服侍宮廷的畫家們催生出來的。這種國民繪畫的最早期推手有艾爾・葛雷柯、里貝拉、維拉斯奎茲、穆里優四人。

艾爾・葛雷柯（一五四一～一六一四年），就如他的名字（El Greco希臘人的意思）一樣是在希臘出生（克里特島）。原本受到威尼斯派的影響，畫作有著柔和感，但一五七〇年代來到西班牙後，畫了很多充滿上升感的矯飾主義宗教畫，特徵是有天頂的光芒和雲朵、拉長的身體、扭曲的面孔，以及黑、紅、黃、藍的強烈用色等。〈聖母領報〉（一五九六～一六〇〇年左右）、〈揭開啟示錄的第五封印信〉（一六〇八～一六一四年）、〈歐貴茲伯爵的葬禮〉（一五八六～一五八八年）等為其代表作。

不過他那仰賴想像力和直覺的唯心式圖畫，在十七世紀初開始被人認為跟不上時代，因此只好把寶座讓給更寫實又戲劇性的新式繪圖——巴洛克繪畫。一開始的代表人物為胡塞佩・德・里貝拉（一五九一～一六五二年）。

胡塞佩生於瓦倫西亞，後來在義大利大為活躍。他的畫風一開始是受到義大利畫家卡拉瓦喬的強烈影響，但旋即就轉為更亮又帶有光芒，色調也變得協調。他喜好在複雜構圖中讓登場人物有著激烈感情，像是敲鼓的少女、飲用麝香葡萄酒（甜紅酒）長鬍鬚的女人等，在在彰顯他對逸事、人民的樣貌有強烈興趣。

更偉大的巴洛克時期畫家是迪亞哥·維拉斯奎茲（一五九九～一六六〇年）。他服侍國王菲力普四世，被委以王室侍從和王宮配室長等要職，之後在馬德里的王宮宮廷居住三十八年，並應要求繪製大量以國王為首的皇室家族肖像畫，還在興建布恩·麗池離宮之時指揮繪畫、雕刻，乃至於整體的裝飾、設計。他將社會各階層人民的生活百態，描繪得栩栩如生，甚至還有阿波羅及巴克斯（酒神）等古代神祇跟鄉下農夫和工人的對話，可以看到清新脫俗的古典與庶民文化融合。

維拉斯奎茲虛懷若谷地接納所有階層的人和身邊所有事物，用平等目光描繪出各種人與物的尊嚴。亞維拉的德蕾莎教義是，就算是在做廚房家務，也能獲得救贖，而維拉斯奎茲就把這教義應用在畫上。為此，他編織出空間配置、色彩、光影、動作等獨特的表現法，並廢除描繪歷史故事中最重視的階級制度，並加以融合。

另外，在更知名的〈侍女〉（*Las Meninas*，一六五六年）中，綜合了故事畫、風景畫、肖像畫、靜物畫等各種類型，成功表現出畫中有畫的氛圍。後人為了表達敬意，尊稱他為「畫家中的畫家」。

穆里優（一六一七～一六八二年）也是十七世紀的巴洛克繪畫代表畫家，為塞維亞畫派的代表人物。跟其他同時代的主要畫家不同，他沒有離開塞維亞，更沒有接受過西班牙王宮的委託。〈玫瑰聖母〉、〈聖母無染原罪〉、〈聖母蒙召升天〉等宗教畫，是他主要的繪畫作品，不過他總是將聖母畫成討喜可愛的優美女性（圖3-10）。他的風俗畫也很知名，用充滿慈愛的視線投注在市井小民的女性和貧窮孩子身上，這點令人印象深刻。

圖3-10　穆里羅的畫作〈聖母無染原罪〉

西班牙的畫家，從巴洛克時代到現代，最大的特徵都是顯現於世的大自然，以及重視色彩為標示存在的第一要素。

其實除了繪畫，西班牙藝術不論是詩還是散文，語言的色彩表現都極為豐富有效果，在所有地方都塞滿了與顏色相關的描述。顏色簡直就像鼓舞靈魂的熱情，要尋找用什麼來表示內在的熱情，首先就是顏色。而將其可能性充分表現出來的，就是以維拉斯奎茲為首的西班牙巴洛克時期的畫家。

追求完美的紅色

第一次世界大戰（一九一四～一九一八年）以後所進行的各種調查中，問到歐洲各國人「最喜歡的顏色是？」絕大多數國家都回答「藍色」，唯有西班牙不同。西班牙人最喜歡的是「紅色」。

根據時間、場合，喜歡的顏色當然會不同，而且喜歡或討厭的顏色是很主觀的，但是這個調查還是反映出西班牙人的一個傾向。順帶一提，北美也是最喜歡「藍色」，不過「紅色」在中南美卻壓倒性地受歡迎，這饒富趣味的事實也可以想做與西班牙的環境有關。

西班牙的地理中央是一塊廣大荒涼的紅褐色大地、鬥牛場上流出的殷紅鮮血、被血染紅的基督像……等等，西班牙在歷史上與紅色有強烈的連結。

西班牙是從何時如此執著於紅色呢？這點很難確切斷定，不過，我們一起來看看西班牙人為了得到美麗紅色的執著吧。

其實要製作漂亮的紅色染料極為困難，需要大量時間，但產品通常是混濁的褐色或接近橙色的紅色，有些甚至很快就泛黑。不過征服者們卻在新大陸的市場發現鮮豔的紅色染料。

那是舊世界的人至今為止從未見過的、鮮艷到可以用「血紅」色來比擬的最高級紅色染料，其原料為胭脂蟲。胭脂蟲寄生在墨西哥、秘魯等沙漠地帶的仙人掌上，將雌蟲加熱處理過，就能抽取出鮮紅色顏料。

在中南美洲，這是古印加時代就廣為流傳的做法，但在歐洲國家中，第一個發現的西班牙將這染料視為重要的收入來源。特別是菲力普二世，十分期待這種紅色染料能有與白銀一樣的價值，於是大量的胭脂紅（每年採取將近八十噸）被運送到塞維亞。西班牙將之視為祕密，但不久在歐洲列強要求下而曝光。

另外有人指出，西班牙人在植物和食物方面也跟紅色有很深的淵源。例如西班牙國樹是「石榴」，這種樹木生長在西班牙南部，特別是安達魯西亞地區，果實可以食用，花朵可供觀賞，枝幹可拿來做響板等。西班牙人很喜愛石榴，還將之帶到新大陸推廣散布。順帶一提，「格拉納達」這個地名就是西班牙文石榴的意思，是在伊斯蘭統治時代命名的。石榴的花朵漂亮美麗，尤其是其鮮紅的果實、宛如鮮血的果汁，深深吸引了西班牙人。

紅色食物

西班牙人喜歡的紅色食物，除了石榴還有其他，像是紅椒粉。紅椒又稱為紅甜椒、甜辣椒，將果實乾燥磨碎的紅色粉狀香料，就是紅椒粉。

這也與「發現新大陸」有關。西班牙人在新大陸定居後開始耕種，他們發現紅椒並不都是辣的，而是有多種型態、大小、種類。由於容易雜交，於是紅椒種類愈來愈多，其中最甜的品種非常受到西班牙人的喜愛。

於是紅椒立刻被引進西班牙，田裡、庭院、陽台到處都可以栽種。十七世紀的植物相關論文就有提到，紅椒不僅可以直接食用，乾燥過後用石臼磨成粉更能增添料理的風味和色澤。於是到了十八世紀，所有料理都使用紅椒粉來增添風味和色澤。

傳統的西班牙料理不辣卻鮮艷無比，都是紅椒粉的效果。例如烤馬鈴薯、海鮮飯、水煮章魚、烤雞或燉羊肉、麵包香蒜湯，都是很經典的菜餚。

西班牙人是這個紅色香辛料的最大消費國，一年大約消費一萬五千～兩萬噸左右。除了鮮紅，澀中帶點微辣的香氣被視為珍品。除了西班牙，亞洲的熱帶地區也很常使用，馬格里布和匈牙利也很喜歡。

另一個食物就是番茄，是西班牙人從新大陸帶回歐洲的紅色蔬菜。要說喜愛番茄這點，西班牙人還略遜義大利人。不過西班牙有使用成熟的全紅番茄做的冷湯，另外瓦倫西亞地區的布尼奧爾小鎮每年八月的最後一個星期三都會舉行「番茄節」，充分讓人感受到他們對紅色的狂熱。

這個節日從一九四五年開始，一開始鎮公所禁止丟番茄，不過參加者、觀眾好評如潮，於是很快地就成為傳統。一九八〇年開始，鎮公所開始提供番茄，二〇一五年整個城鎮扔了一百五十～一百七十噸的番茄，街道上處處都是紅茄汁。

從顏色來評論國民性或是說明歷史上發生的事件是不可靠的，更沒法單純斷定。不過在心理學的實驗中，人類會對紅色（紅光、紅色口紅、紅色衣服）產生反應，是因為受到強烈的視覺刺激，而使得人體產生亢奮反應（心跳數增加、呼吸變急促）。

紅色自遠古時期就代表著血的顏色、火的顏色、生命與其消逝，或是神聖。尼安德塔人和克羅馬儂人等，會用紅土埋葬死者，這是有證據的事實。

紅色除了是一種顏色，還代表了人類的原始體驗、感情、慾望、生命力及其象徵。一言以蔽之，就是「熱情」的色彩。

十七世紀的政治與經濟

光輝燦爛的文化，在政治與社會衰退期依然在發展，其中一個例子在前面西班牙的黃金時代後半段有講到。西班牙在十七世紀，究竟面臨了多嚴酷的現實呢？讓我們具體來看看。

在卡斯提亞，國王菲力普二世擁有巨大權力，不斷征戰，導致債台高築，經濟終於在一五九〇年代崩潰。他自一五九〇年開始採用新物品稅，但只是更加折磨貧困百姓，不管做多少的稅制改革、借多少錢都無助於重建財政。

王國破產，重擊梅迪納．德爾．坎波這個定期交易市場（十五～十六世紀靠交易羊毛、布料等而極盡繁榮的瓦亞多利城市，也蓋有王宮），當地顯赫的金融活動成了過去式。菲力普三世的時代（一五九八～一六二一年）也一樣面臨經濟困難，還爆發饑荒、瘟疫流行，卡斯提亞各個城市都受到嚴重打擊。人口銳減、勞動力不足、租金上升，導致競爭力不敵外國產業。過去充滿朝氣的紡織品工廠完全喪失了活力。

耕地原本因畜牧優先政策而犧牲，西班牙的粗放農業生產性本來就低，進入十七世紀後，衰退更是與日俱增，農民放棄耕地、離開農村的情況變得普遍，導致小麥產量大幅下滑。沒有田種的農民暴增，過著悲慘的生活。另外，新大陸生產的大量白銀也在十七世紀開始枯竭。

握有免稅權的貴族（農村領主）收入，絕大多數來自於徵收繳給王室稅款的收入或國債，以及強制使用磨坊、葡萄榨汁器等，土地收入只占一成多。貴族不在自己的領地，而是在王宮所在的馬德里參與國政，在眾多隨從的服侍下遊戲人間。那是一個有正當工作的人可以養活三十名食客的時代。這是表面上華麗藝術璀璨生輝的黃金時代，背後的真正樣貌。

按照一六一二年的協定，法王路易十三世在一六一五年與菲力普三世的長女安娜公主結婚，菲力普的兒子（後來的菲力普四世）娶了亨利四世的女兒伊莉莎白．德．波旁為妻，藉此改善西班牙與法國的關係。不過荷蘭的問題始終找不到解決的突破口。

一六二一年，菲力普四世即位（一六二一～一六六五年在位，圖3-11），獲得他信任的寵臣——奧利瓦雷斯伯公爵，以國王代理人的身分總攬大權，直到一六四三年失勢之前的二十二年間，他都要求效率第一，進行了行政和財政方面的改革。

菲力普四世奉行帝國擴張主義，改變前任萊爾瑪政府有氣無力的方針，不但強化軍力還振奮戰鬥精神。為了健全財政和整肅綱紀，更削減公職、施行財政緊縮計畫、抑制通貨膨脹、禁止奢侈品、關閉劇場和妓院等，他同時推行了這些政策，卻因反對力量而成效不彰。

圖3-11　菲力普四世（維拉斯奎茲畫）

一六三五年，卡斯提亞和法國開戰後過了幾年，被選為屯駐區的加泰隆尼亞由於士兵的掠奪行為導致農民憤怒暴動，他們的總署（議會常設代表機構）發誓效忠法國國王路易十三世，並奮力抵抗卡斯提亞軍。

卡斯提亞因為經濟危機而無餘力，即便有軍力卻無法防止叛亂。由於貴族追究責任，加上官僚鄙棄，奧利瓦雷斯在一六四三年一月被國王解任。最後是一六五三年菲力普四世為表達尊重加泰隆尼亞，頒布了各種特權才平息叛亂。

加泰隆尼亞的動向也影響到葡萄牙。一六四〇年十二月，叛徒攻占葡萄牙，葡萄牙貴族的領袖布拉甘薩公爵登基成為約翰四世（葡萄牙革命），並獲得英法的支持。葡萄牙歷經六十年，再度從西班牙獨立出來。對卡斯提亞的抗爭也於隔年延伸到安達魯西亞，更在一六五〇年代初在各地接連策劃陰謀、騷動、暴動。

西班牙（卡斯提亞）與荷蘭、法國、加泰隆尼亞、葡萄牙等國之間的爭執，演變成牽連更多國家的戰爭，也就是「三十年戰爭」。引發契機是神聖羅馬皇帝斐迪南二世在一六一八年強迫波西米亞的新教徒改信天主教，因而開始了這場國際性的宗教戰爭。

最後為了結束這場漫長的戰爭，各國決定講和，一六四八年簽訂《西發里亞和約》（*Peace of Westphalia*），承認荷蘭獨立，與法國則是遲至一六五九年才簽訂《庇里牛斯條約》（*Treaty of the Pyrenees*），西班牙將庇里牛斯山的魯西永和瑟丹雅一半讓給法國。神聖羅馬帝國分崩離析，各諸侯國獨立，使得帝國和皇帝權力都只是名存實亡。三十年戰爭的結果，造成西班牙哈布斯堡家的神聖羅馬帝國僅存最後一口氣。

卡斯提亞敗給法國後，眾多的海外領土都被英國和荷蘭搶走。國內貨幣混亂，紡織品、農業等又遭受毀滅性打擊，原本的經濟中心布爾戈斯和塞維亞都陷入衰退。

歐洲各國開始越過西班牙，直接跟新大陸進行交易，更加重了打擊。除了前面所說的戰爭，還發生瘟疫（一六四七～一六五四年和一六七六～一六八五年）造成移居美洲大陸的人口驟減。財政赤字合併通膨危機爆發，即便用貨幣貶值和發行劣幣等試圖撐過難關，卻反而造成混亂，加速通貨膨脹，最終導致國庫破產。

卡洛斯二世（一六六五～一七〇〇年在位）體弱多病又有智能障礙，留下了高額的長期公債。卡洛斯二世的時代，特別是到了一六八〇年代，卡斯提亞除了經濟，文化也癱瘓。偉大的作家和畫家全都銷聲匿跡，探索學識的精神不知所蹤，簡直像是日不落帝國的黃昏末日。

不久，出現了經濟回復的預兆。一六九〇年代，人口增加，農業也步上發展軌道，這在近年的研究中都獲得了證實。

第 4 章

波旁王朝的時代

——18世紀前後——

哥雅版畫集《La Tauromaquia》（鬥牛術）之中的一張

十八世紀對西班牙來說是與法國關係發生劇烈變化的世紀。原本是哈布斯堡家族（奧地利王朝）掌控西班牙，但在王室婚姻關係之下轉為波旁家族（法國）。法國雖跟西班牙同為天主教國家，但是毅然走上了革命之路，西班牙王權則拚命想阻擋這波「邪惡思想」的影響。

從西班牙王位戰爭到對法宣戰

進入十八世紀後，西班牙立刻在整個歐洲掀起混亂。不過與其說是主導，不如說是引發混亂的原因。

卡洛斯二世亡故後，沒有可繼承的子嗣，所以爆發了繼承者之爭，最後由法王路易十四世的孫子安茹公爵繼任為菲力普五世。不過因為他推自己的次子為神聖羅馬皇帝而引發反對，英國和荷蘭也加入，最後因此爆發「西班牙王位繼承戰爭」（一七〇一～一七一四年）。

這場讓歐洲各地、甚至北美殖民地都開戰的國際戰爭，最後於一七一三年簽訂《烏得勒支和約》（*Peace of Utrecht*），以及隔年的《拉什塔特和約》（*Treaty of Rastatt*）

圖4-1　菲力普5世與薩伏伊家瑪麗亞・路易莎的結婚典禮

劃下句點。西班牙承認菲力普五世（一七〇〇～一七四六年在位，圖4-1）即位，不過直布羅陀和梅諾卡島為英國所奪，還要將西班牙屬低地國（荷比盧三國）、拿坡里、米蘭、薩丁尼亞讓給奧地利。

在西班牙國內，抵抗菲力普國王的亞拉岡聯合王國，頒布的所有授權自治法全都失效，獨立議會、總署、百人會議等都被廢止，政治、行政、司法只好繼續沿用卡斯提亞的制度，因而走向一致。

西班牙被捲入許多戰爭。西班牙與法蘭西波旁家族締結多次「家族協定」，這是為了確保同族之間的步調能夠一致。因此西班牙被迫參與「波蘭王位繼承戰爭」（一七三三～一七三五年）、「奧地利王位繼承戰爭」（一七四〇～一七四八年）、「七年戰爭」（一七五六～一七六三年）等。在七年戰爭期間，西班牙也和英國同盟的葡萄牙掀起戰端，連在「美國獨立戰爭」（一七七五～一七八三年）時，西班牙還以法

圖4-2　卡洛斯3世

國同盟國的名義參戰。

就這樣，包括波旁家的菲力普五世、其子斐迪南六世（一七四六～一七五九年在位）、下一任國王卡洛斯三世（一七五九～一七八八年在位，圖4-2）這段時期的西班牙，儘管忙於外交和對外戰爭，但在獲得和恢復領土方面卻沒什麼亮眼成果。

但國內的改革卻有起色。卡洛斯三世被譽為開明「哲學王」，他重用高舉啟蒙主義的大臣，推動振興產業、整頓基礎設施、改革軍隊、驅逐耶穌會等改革。於是自由貿易擴張至殖民地，連接大西洋貿易的繁榮發展。

不過，勉勉強強的改革浪潮，在繼任的平庸卡洛斯四世（一七八八～一八〇八年在位）時期栽了跟頭。這也難怪，因為一七八九年的「法國大革命」聲勢浩大，國王和周圍的人唯恐那種把國王送上斷頭台的激烈運動，也傳播到西班牙。

因此異端裁判所特別強化審查，將法國有強烈影響力的啟蒙思想家、共濟會或楊森主義者（Jansenist）等，可能擾亂既有秩序的知識分子，全都歸類為需要注意的人物。

卡洛斯四世在一七九二年和父親時代的改革顧問決裂，認為幫助堂兄弟路易十六世是自己的使命，因此決定倚重王妃欣賞的曼努埃爾・戈多伊這名老練的皇家近衛軍。

一七九三年三月，西班牙對法宣戰，這簡直就是反革命十字軍的宣言，然而卻以大敗收場。戈多伊在一七九五年七月和法國督政府締結和平條約。法國為了組成對抗大英帝國的同盟，採取了寬宏大量的處置態度。不過戈多伊逐漸的不受歡迎，被貴族和神職人員究責，在一七九八年終於暫離權力寶座（一八〇〇年重回首相一職）。

經濟復興與貧窮農民

十八世紀的西班牙，在政治及外交的表現上都不甚理想，不過經濟與人口則有重新復甦的跡象。多虧了當時瘟疫（黑死病）緩解，國內的戰事漸漸平息，海港城市的交易頻繁，商業復興，使得自一六九〇年開始的經濟盛況持續了一個世紀。人口數量也從一七〇〇年約六、七百萬人，在一七八七年增加至一千一百萬到一千兩百萬左右。

這個時代，西班牙在墨西哥重新開採銀礦，發現新的礦脈，且砂糖、可可豆、菸草等生產及通商有飛躍性的進展，再加上國內栽培的農產品趨於多樣化，農業生產量也增加。

工業方面，各個地區或部門的成長並不統一，不過政府試圖振興民生工業，因此將紡織工程交由農村的家庭工廠，還在全國設立經濟協會。從法國柯爾貝爾的重商主義模式中獲得發想，國家擔任壁毯和瓷器等奢侈品的生產商，援助陷入困境的毛織品、呢絨等工業。

對政府來說，推動自由貿易是一個遠大目標，要推動農產品販售自由化、開設地方銀行、建設運河和道路。自由貿易在海港城市成效斐然，特別是加泰隆尼亞和巴斯克地區都從這時代開始發展為西班牙首屈一指的工商業地區。貿易公司（包括獨占可可豆交易的「吉普斯夸地方王家卡拉卡斯公司」（一七二八年）、與安地列斯群島交易的「王家巴塞隆納公司」、與菲律賓直接貿易和開發資源的「菲律賓王家公司」等）的設立，加上技術發展的浪潮，瓦倫西亞的絹織品、加泰隆尼亞的棉織品、巴斯克的造船業和鐵工業都蓬勃發展。

不過加泰隆尼亞的狀況是個例外，雖說跨出近代化的步伐，但西班牙整體來說沒有發生產業革命，與他國相比有很大的落差。在欠缺運輸管道和交通網路，資本又不充足的情況下，勤勉的資產階級人數幾乎沒有成長。聚集在「國家之友經濟協會」議論啟蒙改革的不是資產階級，而是極少部分的開明貴族與神職人員。

在啟蒙改革派官員坎波馬內斯等人的主導下，一七六六～一七七〇年連續頒布法律，將自治區土地或國王領地的一部分分配給農民，並進行部分的繼承制度改革，希望提高繼承者對經營土地的用心以及土地的流動性，不過卻沒什麼成效。保有耕地與家畜的自耕農人數減少，佃農增加，但租地契約不穩定的情況沒有獲得改善。耕地不足的情況沒有解除，大部分農夫還是很貧困，生活無以為繼，只能仰賴慈善團體救濟。

由於沒有穩定的雇用機制，多不勝數的農夫想工作卻沒工作，農業經濟的情況不免造成西班牙人給人「怠惰」的印象。

天主教的啟蒙

十八世紀是啟蒙主義的時代，在法國掀起的思潮，傳入擁戴君權神授的國家，衍生出啟蒙專制君主。西班牙的波旁王室國王，原本面對啟蒙主義都展現某種程度的包容，直到法國大革命後，才因為太過驚愕而採取反制。特別是開明的專制君主卡洛斯三世的時代（一七五九～一七八八年），但僅是在政治、經濟層面一閃而過，並非全面性。

文化方面又如何？十七世紀以前領導藝術、文學的巴洛克精神已經沒落，繼之而起的則是法國的百科全書派、孟德斯鳩、伏爾泰、盧梭等啟蒙思想。

西班牙在十七世紀末就已經有一群稱為「諾巴托勒斯」的學者，對拘泥於形式、受天主教教義束縛的經院哲學思想，多所批評。而繼承他們的就是十八世紀的啟蒙主義者。代表人物有本篤會的修道士費霍（一六七六～一七六四年）。他是在薩拉曼卡大學授課的思想家、隨筆家，是卡洛斯三世改革基礎的「第一次西班牙啟蒙運動」成員。

他想要斬斷對祖國西班牙傳統的執著，將之斥為迷信，並引用科學見解等為助力，建議改善農業政策，對於改革教育也是不遺餘力。

另一名受法國文化影響的文學家伊格納西奧．德．盧桑（一七〇二～一七五四年），在《詩學》（一七三七年）中重視理性和經驗，追求以自然為本的真實，以此推動文學，闡述人應該擺脫空想和迷信。

巴洛克式戲劇不再流行，新古典主義開始抬頭，這些也是受到了啟蒙主義的影響。皇室成為學術發展的後盾，以皇家語言學院為首，創設了法律、美術、歷史等許多學院。

無奈的是，西班牙的資產階級不發達，沒有團體能夠將啟蒙主義理想實體化。「特權階級」像是貴族、神職人員、修道士的支持依舊占少數，在宗教裁判所還擁有勢力的情況下，資產階級和普通人民之中，幾乎沒有將啟蒙主義理念化為行動的知識分子。不僅如此，啟蒙思想還被扣上推動無神論和推廣複雜性關係的帽子，因而開始遭到鎮壓。

例如，受到百科全書派影響的啟蒙主義者兼法學家——荷貝列諾思（一七四四～一八一一年），曾和坎波馬內斯一同被卡洛斯三世提拔，他們認為無知為萬惡根源，為了拯救西班牙人而擬定教育改革計畫。他們不提倡古希臘羅馬的典籍，而是認為有必要復興卡斯提亞式的人文學，卻被以介紹法國哲學家兼政治學者尚雅克・盧梭的思想罪名遭到逮捕，後來被流放到馬約卡島。

因此，十八世紀的西班牙啟蒙主義稱為「天主教式啟蒙」，呈現矛盾的風貌。一般啟蒙主義會排除天主教的傳統權威，試圖構築出理性王國，但天主教式啟蒙卻是強化王權、奠基在君權神授主義之上的啟蒙主義，就算抨擊宗教儀式過於奢華、神職人員腐敗墮落、民眾愚昧無知等，地主們為了保全自身的權益，根本不可能立志改變社會秩序，當然更不可能會認真批判天主教信仰與教會。就連驅逐耶穌會（一七六七年），目的都是為了排除羅馬教宗的影響力，因此主教和其他修道會當然欣然接受。

大學中無法教授自然科學、人文科學和國際法，教師與學生只能辯論繁瑣無用的經院哲學議題。由於資產階級不發達，以農夫階層為主的人民，也都抱持著保守主義的態度。

不過，保守的西班牙人民雖無法投入社會革命，但在這個時代中，仍分別追求新的自我表現方式。他們倚仗的不是引領法國文化的理性，而是以熱情為主導。最顯著的表現之一就是鬥牛。

鬥牛的貴族起源・庶民起源

自春入夏的期間，西班牙各地都會持續舉辦鬥牛。鬥牛被動保團體斥為野蠻、虐待動物、殺戮行為，即便如此卻還是無法禁止（一八〇五年曾一度全面禁止，不過三年後又復辦，但加泰隆尼亞自治政府曾在二〇一〇年禁止州內舉辦鬥牛），直到現在，鬥牛仍是西班牙國民的慶典，獲得狂熱的支持。

儘管每年都有變動，但是二十世紀後半之後，從三月到十月，整個西班牙會舉辦近兩千場的鬥牛盛宴，卡斯提亞、安達魯西亞、埃斯特雷馬杜拉等地，都是鬥牛特別興盛的地區。

鬥牛在十八世紀幾乎定型，一直到現在。所以本章在講解西班牙波旁王朝之際，也會一併思考鬥牛對西班牙的意義。

在近代西班牙鬥牛活動定型之前，也曾有過貴族專屬的鬥牛。十一到十二世紀的史料中就出現了記載，到了十六、十七世紀時，鬥牛格外興盛。舉凡國王的加冕典禮、王室婚禮、王子誕生、戰勝紀念等值得慶祝的時候，就會舉辦長矛競賽大會等，也算是一種軍事訓練。

用欄杆圍起市鎮廣場，在這個區域裡，騎馬武士等待公牛衝過來，然後持劍刺向牛的腦門阻止其衝刺。下馬的騎士衡量與牛之間的距離，並繞著牛的周圍轉，同時靈活運用數枝短矛持續刺向牛，這一連串的動作都需要講究敏捷和巧妙的身手。另外，騎士不是一個人面對牛，會有許多隨從幫忙，使得整場演出十分熱鬧。

而跟這種「貴族鬥牛」可以相提並論的，是從十六世紀開始，鄉下百姓喜好的「庶民鬥牛」——又稱為奔牛節。庶民鬥牛規則模糊，更沒有要求參加者的穿著打扮，通常是在農村舉辦祭典時舉行鬥牛。

兇猛的牛隻放入兩旁都是圍觀群眾的道路上，挑戰牛的年輕人，要以敏捷的動作躲過牛隻的衝撞，並扔矛揮棒刺槍，命令狗撲咬，或把牛推入湖裡、河川使之溺水等，可說是極盡暴虐之能事。牛受刺激而發狂，因此出現傷者，甚至有人死掉也不罕見。現在可以說這是虐待動物，但在當時，卻是所有階層的人都樂在其中的活動。

到了十八世紀，對鬥牛很冷淡的波旁王朝國王發出禁令，貴族鬥牛衰退，但庶民鬥牛祭始終很興盛。而且在當時，形成各種技巧和武器的操作，然後蛻變為稱作「Corrida」的鬥牛。

一七三〇年代到五〇年代，「Corrida」調整型態，在安達魯西亞、卡斯提亞、納瓦拉等地成立，各地的型態、風格都別有風味，然後慢慢形成統一的「規則」。一七三七年，先是在塞維亞打造了專用的鬥牛場，不久馬德里、薩拉戈薩、龍達等地都跟著建造，許多觀眾為之瘋狂。

確立鬥牛三部曲、規則與風格

太陽越過頭頂，當一天最熱的時間過去，號角聲隨即響起，接著演奏各種音樂，但觀眾的吶喊聲蓋過了一切，接著出場者遊行，然後開始鬥牛。

三名主鬥牛士與六隻牛為對手，是常見一整天的節目。一開始，牛進入鬥牛場之後，鬥牛士的助手們就揮舞華麗的粉紅色斗篷，吸引牛隻注意，並巧妙閃躲朝著斗篷衝過來的牛，反覆幾次這樣的動作來引起牛隻興奮。完成「暖身」之後，就開始稱為「方陣」的三部曲。

首部曲展開了激烈鬥爭。在鬥牛場上等待牛的騎馬刺牛士（Picador，持長矛刺激牛隻，使其呈現亢奮狀態的鬥牛士）會吆喝怒罵，揮舞長矛刺激牛，朝著衝刺過來的牛脖子上半部刺三根矛，藉以減弱其氣勢，同時讓牛的要害處變柔軟。一九二八年以前馬是沒有穿護具的，因此常見到馬腹被牛角劃破而斷氣的畫面。因此牛可說是與馬、鬥牛士及其助手之間展開一場血淋淋的戰鬥。

第二部曲是花槍手（Banderillero）負責將裝有流蘇的花槍刺入牛的背部和頸部，展現其高明技巧。花槍手身穿銀色服裝，以特技般的靈活身手閃避牛，並接連扎入花槍。三名扎槍手輪流表演，目標是讓兩對或一對花槍扎在牛角的左右兩旁。隨著牛的痛苦與出血愈來愈嚴重，鬥牛場的氣氛也來到最高潮。

最後是第三部曲，主鬥牛士給予牛致命一擊。主鬥牛士來到牛身旁，手拿覆蓋紅布的木桿（Muleta）吸引牛隻注意，並巧妙閃過牛隻的衝撞，讓牛撲空（Pase），只是鑽過紅布。然後終於來到最終階段，主鬥牛士要巧妙地讓牛的兩隻前腳同時停下，因此要朝著牛的要害、也就是頸部正後方的捲毛處施以痛擊。在牛與人兩者看起來交錯成一體的瞬間，主鬥牛士手上的劍已然刺進要害，牛頓時倒地。

「閃避」不是愈激烈愈好，而是站著不動，拿著劍與紅布，利用「閃避」躲過衝撞而來的牛。除了講求在極近距離下與牛的互動，動作身段還要柔軟，要像是畫出幾何圖形一樣翻動手中的紅布，像跳圓形舞般轉動身體，與牛來一場華麗的舞蹈，以表現其藝術性。

十八世紀中葉，開始確立鬥牛的各種技術並規則化，這些都是知名鬥牛士們的努力，與拜勁敵意識之賜。

首先一七九六年，佩佩．伊柳寫了《騎馬或徒步的鬥牛術》這本書。接著一八三六年，偉大的鬥牛士（Torero）法蘭西斯柯．蒙特斯出版《鬥牛術大全》，依此建立起鬥牛規則。蒙特斯並將鬥牛服裝稱為「光之服」，將這金光閃閃的華麗鬥牛服裝普及到各地。

於是，鬥牛就這樣發展出近代鬥牛的公式。鬥牛之所以讓西班牙人無法自拔，就是因為這個活動可以宣洩在平時生活中所累積的情緒。鬥牛從十八世紀到今天都是不分階級的庶民活動。群眾聚集在鬥牛場上，情緒熾烈，時而擔心發抖，或是團結地起身吶喊，一窩蜂宣洩情緒。自然高呼「Ole'!」是宣洩的印記。主鬥牛士讓大家得以抒放情緒，無疑就是英雄。

有人從主鬥牛士和公牛密切的互動舞步中，聯想到性愛要素，由於劍與牛角造成的流血後果，其中一方——通常是牛，但鬥牛士喪命的例子也不罕見——的確會死亡，正因是燃燒生命（即性愛）所譜出的浪漫，所以西班牙人才會對鬥牛如此狂熱吧。

熱情之愛與唐璜傳說

西班牙人的熱情，在冒險、征服和追求榮譽之中，在發揚神秘主義之中，抑或是在鬥牛或祭典時爆發，為了順應生命整體的流動，並連結人民的古老層面，無論知性要素和倫理、社會要素都不曾妨礙這股熱情的流動。

一般來說，戀愛是熱情最典型的表現之一。對西班牙人來說，愛情除了肉體關係，還包含純潔的精神關係。即使受到阻礙也不會強忍壓抑，反而會以「嫉妒」的方式強烈表達感情。

回溯歷史，過去的西班牙並不像現在一樣，隨時可以自由談戀愛。為了熾熱愛情而獻身的梅里美小說《卡門》中的女主角就十分有名，但現實是，女性在很長的時間中都被男性的反覆無常所玩弄。

對男性來說，心愛女性的「一部分」及「所有物」，還有女性一點小小的言行舉止，都會讓他們怦然心動，但一旦期待落空，就會感受到自己的存在受到深深的威脅。

「戀愛」的代表性是強烈的熱情。當這強烈的熱情投注於「榮譽」，更是如此，男性為了挽回榮譽，會殘忍對待女性。這點在前面章節的戲劇作品中曾提到。

那麼一起來看看西班牙熱情如火的花花公子吧。其中最典型的就是傳說人物——唐璜。前面章節所介紹的帝索．莫里納所著《塞維亞的風流客與石頭客人》即是文學作品中的原型人物。

唐璜是個無可救藥的好色之徒，背叛朋友又瞞著戀人不斷劈腿外遇，最後因為其罪大惡極、沒有信仰，被亡靈降下處罰而被燒死，是個悲劇人物。這個虛構人物到了十八世紀後，更走出西班牙，進入歐洲的王宮和市井階層，成為文學、音樂及思想的主題。

唐璜之所以會驚人的受歡迎，在於最後他否定了所有崇高、理想事物的價值，凸顯了人類靈魂及心靈的悲劇性結構，以及人們所遭遇的種種痛苦，因此另有一種說法是，他象徵了人類的共同命運。

《論唐璜》的作者是西班牙思想家奧特嘉．伊．加塞特。他認為書中強烈對比所形成的彩色傳說，並非代表性的西班牙。這部傳說依賴著日正當中與午夜、清純與罪孽深重、年輕肉體與屍體、飲酒作樂與墳墓、接吻與斬首等接連更替的純粹對比場面而來，讀者、聽眾就像鬥牛的觀眾一樣，發洩壓抑的自我，完全投入其中。

另外根據奧特嘉的分析，唐璜並不是個好色的自私鬼，而是個隨時可以豁出性命的人。他不是那種為了冠冕堂皇的理由而奉獻性命的高尚人類，花花公子的另一面有著悲劇陰影和死神的悲愴樣貌。死亡就是他的生命源頭，表面的開朗伴隨著相反的情緒運作。死亡的逼近，使得他的行動顯得神聖……奧特嘉是這麼認為的。

這樣的唐璜，加入「受苦」的意義，象徵了以「熱情」為基礎的西班牙百姓生活方式。這個形象遲至十八世紀的啟蒙時代，才從西班牙傳播到歐洲各國，可說是意義深遠。

最受愛戴的畫家哥雅

亞拉岡出身的法蘭西斯柯．德．哥雅（一七四六～一八二八年）在西班牙可說是最受愛戴的畫家。他曾擔任波旁王朝卡洛斯三世和卡洛斯四世的宮廷畫家，不單單只畫王公貴族的肖像畫，還體現了直達民族深處的批判精神，從成為許多作品主題的鬥牛——三十三張組成的版畫集《La Tauromaquia》（鬥牛術，本章開頭圖片），到西班牙獨立戰爭（參照第5章）的殘虐行為和英雄主義，都是以強烈色彩為武器，如實描繪出根植於西班牙人心中的熱情。

他觀察禮拜行列、婚禮、村莊祭典、工匠和農夫的行為動作等身邊的光景，然後畫出被認為卑賤下等、因此從未被描繪過的人民，包括女性、幼童等樸實的快樂、苦惱與純真無邪的模樣。他所描繪的這些小人物，在生活中時而歡喜，時而隱藏憂愁。生命因為死亡而受到牽制，人民無意識地感受到了這點，於是將歡樂化為嚴肅。

哥雅的畫作主題也很獨特，最為人熟知的是夢魔、魔女、巨人、小矮人、農神（Saturno，古羅馬的農業神）、惡魔（公山羊）、魔女的晚宴（Sabbat）、騰空的動物、怪物或幽靈這些久纏盤繞在西班牙人心中的諸多妖魔鬼怪（圖4-3）。這些畫大多採可怕詭異的黑暗色調，這種「黑色繪畫」的毛骨悚然感，深深沁入觀者的心裡。

圖4-3　哥雅的作品〈農神吞噬其子〉

哥雅的作品指出了十五世紀末以來的熱情轉為壓抑，亦即偉大的日不落西班牙帝國建設的背後，有知識退步、蒙昧主義、教會和國家產生的龐大壓抑——宗教裁判所為其象徵。借來的啟蒙主義根本無法與這樣的巨大惡習對抗，只是螳臂擋車。

他降臨到人們沒有意識到的次元，從中汲取能量，讓恐怖的魑魅魍魎在畫布上囂張跋扈，反過來給予畫作溶解、解體巨大惡習的形象。畫作乍看之下粗魯野蠻，卻呈現權力之中恆常的偽善。哥雅用自由、激烈的反骨精神、人民精神與權力對峙，創作出前所未有的畫作。

另一個跟這有關的，是哥雅具有嘉年華式的世界觀。其實他的作品當中都有嵌入這類主題。哥雅始終與庶民文化對話，並用他的作品印證了一個命題：最好的西班牙藝術就是「庶民作品」。〈埋葬沙丁魚〉（一八一六年左右）就是嘉年華繪畫的代表作。

除了大幅圖畫，他也畫了許多小的寫生和素描，製作了很多版畫。這些小品裡頭也多選擇可以表達秩序逆轉的嘉年華式主題。彙集八十件充滿詼諧和諷刺的版畫集《狂想曲》（*Los Caprichos*）和《日記素描冊》為其代表作。

另一方面，〈戰爭的災難〉表達出對抗拿破崙侵略時，採取游擊戰的西班牙人民悲慘的一面，以及譴責戰爭是人類犯下殘虐無道罪行的最惡劣行徑，是一部充滿魄力，帶領觀畫者陷落絕望的版畫集。

庶民文化的勝利

西班牙的藝術一直都具備兩個特徵——多文化融合和庶民性。很多作品是民俗色彩濃郁、深入日常、從自然的圖案聯想到藝術等。西班牙人對美學的態度包容性高，因此法國那種啟蒙思想和浪漫主義，無法在這個國度順利生根，連寫實小說中也有很多粗俗鄙陋的作品。相較理性（法國）和經驗（英國），翻攪庶民內心熱情，方是西班牙藝術發展的最初契機。

西班牙藝術的庶民性格，在文學中以《唐吉訶德》發揮到淋漓盡致，繪畫上是哥雅，音樂是以佛朗明哥舞蹈為代表。另一個頂級庶民藝術就是「查瑞拉歌劇」，融合了歌謠、戲劇、舞蹈，在歷史上發光發熱。查瑞拉歌劇原本是在十七世紀的宮廷中誕生，但沒多久就轉變為庶民的娛樂並廣為流傳。

不過在這樣的庶民藝術背後，有更廣大的庶民文化和庶民宗教的控制，這是不爭的事實。前面亦曾提過，庶民宗教以崇拜聖母為中心，而鬥牛也可以看成是一種庶民文化。

再來講講另一個更世俗的庶民慶典——嘉年華。西班牙人很喜歡慶典，各地都會舉辦富有特色的祭典，不過其中最讓人熱血沸騰的就是整個城鎮一起動員的嘉年華。嘉年華是信奉羅馬天主教的諸國在大齋期（復活節前為期四十天的齋戒期）之前舉辦，類似卸除束縛的歡樂慶典。在冬末春初之際，接下來要準備努力工作之前，盡情吃喝玩樂、唱歌跳舞。

這可能是異教時期的新年之始，慶祝和祈願大自然循環不已的慶典，但被天主教化了。也有人認為這跟古羅馬的農神節有關。

西班牙的嘉年華尤其特別，以花俏華麗的場面廣為人知。成千上萬的居民和觀眾，身穿五顏六色的奇特服裝走到馬路上，跟著花車和樂師們跳舞前進。有的會互扔雞蛋或橘子，有的追趕著公雞，或是拿顏料到處潑灑，整個西班牙可說是五彩繽紛。

十七世紀國王曾下令、各城市亦訂定條例來禁止嘉年華。十八世紀波旁王朝的國王還批評嘉年華是迷信，是異教遺留下來的庶民陋習娛樂，但在民間，這樣的傳統始終沒有斷絕，一直持續到現在。

直至近代，由上至下都在熱烈慶祝嘉年華的國家可說絕無僅有。庶民文化與天主教結合，呈現了西班牙式的熱情彰顯模式。

人民的熱情在這種激烈的活動中，乍看之下像是反社會，但其實透過週期性地宣洩情緒，可以防止其爆發。多虧了常保活潑的熱情，碰上必要時刻時，人民可以為了神聖的目標，慷慨激昂、堅忍不拔地勇敢行動。

進入近代世界後，因貪慾及放縱而不被尊敬的王公貴族、腐敗的教會和混亂無比的政治、社會狀況發生了不變，改變這一切的正是西班牙人民。西班牙的底層民主，造就了一個實踐自由的國家，這都要歸功於人民的行動。

第 5 章

社會分裂與領袖政治

——19世紀前後——

愛國者頒布《加的斯憲法》

十九世紀的西班牙政治，由於國王無能、制度不穩定，人民身分、職業、地區不同等，導致對立，加上法國侵略、瘟疫和飢荒等，始終處在危機和混亂中。這龐大的西班牙社會，是由懷念舊體制的西班牙和追求政治自由的西班牙所組成，並進而分裂。這樣的社會分裂跨越十九世紀，甚至來到二十世紀後半段。

從西班牙獨立戰爭到卡洛斯戰爭

一八〇〇年十二月，復職的宰相戈多伊與拿破崙一世同盟，接著和英軍開戰，卻在特拉法加海戰中敗北（一八〇五年），西班牙艦隊瓦解。西班牙不但沒能重振財政，還配合拿破崙攻打抵抗大陸封鎖令的葡萄牙，使得國民對戈多伊的不滿愈來愈高漲。

過沒多久，推動政治的「人民」這個族群站到了前頭。本書曾在前面說明西班牙的文化和宗教都是庶民思想的表現，即便是有地位或身分、階級高的人，大多具備有庶民性質。而且西班牙人庶民靈魂的熱情爆發，會展現在鬥牛和慶典中。因此就算人民推動政治也沒什麼好稀奇的。

讓我們更仔細探討。一八〇八年二月，拿破崙占領了潘普洛納和巴塞隆納後，同年三月發生「阿蘭胡埃斯暴動」，戈多伊失勢，卡洛斯四世退位，由兒子費爾南多七世（一八〇八、一八一四～一八三三年在位）繼任王位。

面對葡萄牙，以及意圖竊取整個伊比利半島的拿破崙，西班牙人民在馬德里發動針對繆拉將軍的「五月二日事件」。就這樣，伊比利半島全境開始了「西班牙獨立戰爭」（一八〇八～一八一四年）。這種集體式的熱情奔騰，成為未來從十九世紀到二十世紀數度捲土重來的民眾自發性正式熱情的第一道狼煙。

人民對戈多伊和卡洛斯四世毫無共鳴，不如說對於他們協助法軍的態度抱怨連連。人民渴望進一步的改革。

北部地區、塞維亞、瓦倫西亞等各地設立的反抗組織「地方評議會」（Junta）承襲統治權，發布綱領，之後再由「中央最高評議會」繼承。工匠、農夫、自治警備隊隊員、游擊部隊在事件結束後，反抗貴族和行政負責人的方針，而貴族們又因為分裂成各個派系，導致無法採取統一的行動。

五月下旬，面對政府持續協助法國的態度，地方（阿斯圖里亞斯、亞拉岡、加利西亞）評議會表達抗議。獨立運動擴散到所有階級，雖沒有組織化，只是散沙式抵抗，也就是游擊戰術，仍然很有效。在這段時間，拿破崙迫使費爾南多七世退位，六月時更讓自己的哥哥約瑟夫即位（約瑟夫一世）。

法國起初居於劣勢，但在一八〇一年加強攻勢，不過因為拿破崙軍遠征俄國失敗以及英軍的援助，一八一三年六月，法軍被趕到庇里牛斯山北部，隔年四月締結停戰協定。就這樣，費爾南多七世重回王位，但是西班牙國王很平庸、粗暴，而且態度丕變的情況增加，因此政治依舊混亂。

其實在停戰的不久前，以人民為主體推進西班牙獨立戰爭的期間，曾頒發劃時代的《加的斯憲法》（一八一二年憲法），宣告出版自由、廢除領主裁判權和異端裁判所等（本章章名頁圖片），卻因為復位的費爾南多七世沒有宣誓所以無效。

自由主義運動後來分裂成穩健的「一二年憲法派」和年輕世代的「狂熱派」，這段期間，各地出現了約兩百七十個「愛國協會」（一種革命俱樂部）批評政府。不過一八二三年國王讓君主專制復活，鎮壓反體制派的市民。

之後西班牙分為擁護國王、維護傳統保守體制的派系，以及想要實現自由主義的派系，兩派對立，在四〇年代政權輪替和政變不斷中呈現失序狀況，史稱「卡洛斯戰爭」（第一次在一八三三～一八三九年，第二次在一八四六～一八四九年）。

費爾南多指定自己的三歲女兒伊莎貝拉即位，結果引來意圖維持君主專制政體的勢力（卡洛斯派）武裝起義，他們高呼「神、祖國、國王」的口號，擁護費爾南多的弟弟唐·卡洛斯（自稱為卡洛斯五世）。為了與之對抗，攝政的瑪麗亞·克里斯蒂娜（伊莎貝拉的母親）便與自由主義派聯手。

支持卡洛斯的除了神職人員，還有農村、山區的反革命民眾，自由主義派則有城市居民和開明的官僚、貴族們，與法國完全相反的「保守人民」可見一斑。大多數民眾對王政和貴族心懷不滿，為了迎合希望維持地方自治法和傳統等共同體常規的天主教會，所以反抗中央集權和自由主義經濟。

儘管國家產生分裂，當中還是有出現過幾項改革。一八三〇年代，《加的斯憲法條例》復活，因此確立了自由主義，並將封建的土地所有權，逐漸轉換成資產階級所擁有（圖5-1）。

另外，西班牙自六〇年代開始修建鐵路網。話雖如此，只有一部分興起的資產階級及資本家蒙受好處，農民階級並沒有獲得解放。

在伊莎貝拉統治期間（一八三三～一八六八年），軍隊、黨派，有時是朝臣之間對立，使得朝廷充滿陰謀和政變，但女王卻只顧自己，於是在眾人眼中，女王開始成為令人難以忍受的存在。

圖5-1　19世紀巴塞隆納的資產階級

當時小麥歉收，導致各地發生糧食暴動，人民與反政府運動合作，兩名進步派將軍起兵，逼迫女王退位，亡命法國。之後王位虛懸，憲法制定議會投票選出義大利國王維托里奧．埃曼努埃萊二世的次子阿瑪迪奧（一八七〇～一八七三年在位）即位。在短暫統治後，一八七三年二月十一日，在一片混亂中，西班牙第一共和國宣告成立（第一共和政體，一八七三～一八七四年）。

不過這個共和政府卻因為大總統不斷換人等因素而處於無政府狀態，引發了軍人的反感。軍隊這次站在保守、自由主義穩健派這邊，幫了復辟王朝一把。伊莎貝拉的兒子阿方索十二世在一八七四年底宣告奪取王位，不過之後政治還是持續混亂了一陣子（一八七二～

一八七六年爆發第三次卡洛斯戰爭）。

不斷發生的政變宣言

十九世紀傳統主義和自由主義對立，政局動盪不已，直到進入二十世紀依然持續，不過政權輪替的契機是一種庶民式政變（Pronunciamiento政變宣言／軍事起義宣言）。這種西班牙式的政治（軍事行動），在十九世紀頻頻發生。一九三六年，佛朗哥（加利西亞出身的軍人，詳細請參照第6章）成為活躍的傳統。為人津津樂道的是，超過四十次的政變當中，在一八一四～一八七四年期間，有將近三十次是支持自由主義。

不過政變並非都以自由或民主主義為旗幟，也有反自由主義（例如佛朗哥）成功的案例。

最初期的政變是在費爾南多七世復辟（一八一四年）後，流亡的自由主義者批判了凡庸又粗暴的統治，和共濟會的年輕士官共謀策劃，獲得眾多民眾的響應。政變的成敗在於發出宣言的軍方關係者，是否察覺到人民當時的願望，也就是熱情的傾向。

之後西班牙一分為二，分別是「紅西班牙」（自由主義者）和「黑西班牙」（卡洛斯派），人民變得難以容忍國王、女王的存在，高呼政變宣言，換掉國王，讓政權輪替。這個情況看起來像是配合西班牙民族主義的高昂節奏（並非「革命」），但卻不是政治體制或意識形態，而是由於人民站在傳統意識這邊。

很不可思議的，人民本該站上政治的舞台成為主體，但這卻沒發生，僅止於大聲疾呼而已。西班牙並沒有「民主制」和「自由主義」，因為它不像十九世紀遙遠的法國和英國構築出議會制民主主義，實際執行改革程序。

西班牙的政變宣言毫無持續性，民眾只是一時投入，很快就漠不關心。由於這樣的短暫戲劇性，前面提到的思想家奧特嘉·伊·加塞特將政變宣言評為「西班牙的病理」。反覆無常的集體熱情，配合軍隊行動，便以政變宣言的形式浮現。指揮軍隊的將官說明叛亂的源由，「宣言」中大多都是不知恥的政府侵害到西班牙國民的榮譽，本著保護榮譽的純粹意志所以需要發動革命。在此又出現「榮譽」這個關鍵字。

西班牙帝國崩潰

在傳統主義與自由主義的無止盡鬥爭時期，可看見「西班牙帝國崩壞」的時機已然來臨，就像推倒骨牌一樣，殖民地紛紛出現分離、獨立運動。

由於拿破崙侵略西班牙，導致費爾南多七世退位，沒有國王治理的南美殖民地克里奧爾（土生白人）成立了數個評議會，依循十三世紀智者阿方索時代的七章法典施行自治。這些自治經驗，加上法國大革命和美國獨立戰爭等理念的影響，在解放者的率領下開始了獨立戰爭。他們屢屢借助外國傭兵、海盜船的幫助，進行戰鬥。

西蒙．玻利瓦和荷西．德．聖馬丁，率領南美殖民地邁向了獨立的最終局面。玻利瓦想統一使用西班牙語的各國，然後獨立，但這個計畫沒能實現，各國彼此征戰，大多都是各自宣布獨立。與之有相關連的中美洲（墨西哥）在一八一〇～一八二一年進行獨立戰爭，阿古斯丁．德．伊圖爾維德發表獨立的三原則，被黨派全部接受，於是墨西哥獨立。

於是，一八一一年巴拉圭和烏拉圭（自巴西獨立出來是一八二八年）獨立，一八一六年阿根廷獨立，一八一八年智利獨立，一八一九年哥倫比亞獨立。一八二一年獨立的國家最多，有委內瑞拉、哥斯大黎加、瓜地馬拉、尼加拉瓜、宏都拉斯、薩爾瓦多、墨西哥、巴拿馬、秘魯。一八二二年厄瓜多爾獨立，一八二五年玻利維亞獨立，接著是四十年後，一八六五年多明尼加共和國獨立。

就這樣，除了古巴、波多黎各和菲律賓，西班牙在一八一〇年代到二〇年代失去了大半的殖民地。西班牙的黃金時代早在三十年戰爭後，失去歐洲境內的領土與霸權之前就迎向結束，不過殖民地帝國維持到了十九世紀，是一件很不可思議的事。

中南美的西班牙殖民地和副王轄區有母國任命的國王縣長（Corregidor），除了向印第安人徵收高額的人頭稅，還侵犯監護主的權力，中飽私囊，還利用商品強制分配制度，強行兜售不需要的物品給印第安人。再加上波旁王朝母國採用保護貿易政策，妨礙了殖民地的自由貿易與經濟發展。

印第安人、墨斯蒂索人（白人與印第安人的混血）、克里奧爾人住在殖民地上，被人瞧不起，累積了不滿，最後踏上獨立戰爭之路。

靈魂音樂佛朗明哥舞蹈

那麼，在西班牙帝國毀滅和無止盡的政治混亂當中，文化和藝術的發展如何呢？

一講到代表西班牙的娛樂，相信很多人會立刻聯想到佛朗明哥舞。可是佛朗明哥舞並非一開始就是整個西班牙都能享受的娛樂，而且沒有既定的形式和規則。隨著時代變化，終於在十九世紀改頭換面，化身為代表性的國民娛樂。

佛朗明哥舞的起源是在西班牙南部的安達魯西亞地區。那兒自中世紀以來除了天主教徒，還有阿拉伯人、猶太人共生共存，並以獨特的民族音樂馳名（圖5-2）。在這段過程中誕生了佛朗明哥舞，這是有力說法之一。

另一個有力的說法是，在西班牙的少數民族中，吉普賽人（羅姆人）因為四處遷徙移動，所以社會地位特別低，他們從十五世紀末到十八世紀被當局迫害又遭受社會歧視，於是透過音樂表現、抒發出滿腹委曲和苦衷，結果在境遇跟他們相同的窮人、被打壓人士間廣為流傳，據說這就是佛朗明哥舞的起源。

圖5-2　古斯塔夫・多雷畫的〈安達魯西亞之舞〉

但最有說服力的是這兩種說法的折衷，就是結合吉普賽民謠和安達魯西亞民族音樂的說法。然而不管起源是哪種，佛朗明哥舞都是因應時代改變樣貌，先是在安達魯西亞各地，接著是馬德里等中部，再往北部廣傳到整個西班牙。

佛朗明哥舞的完成型態包括了歌曲（Cante）、舞蹈（Baile）、彈奏（Toque）三種不可或缺的要素。這三種要素相輔相成，清晰呈現出人類的體驗根源。

音樂彷彿哀求的呻吟聲，不久就擴大為震耳欲聾的悲嘆聲，接著是高速節奏逼近。不過最後又像是被捕獲般膽怯，逐漸衰弱變小。憤怒與氣憤、死心與悲哀交替，荒涼的悲愴感情貫穿著歌手。

在叫喊、呼喚之間，吉他會在絕佳時間點加入，男歌手（圖5-3）和女歌手嗓音深情挑逗，或是運用節奏性的彈奏推動音樂。為佛朗明哥舞歌曲伴奏的吉他在一八四〇年左右普及，到了十九世紀後半葉，吉他不再只是拿來伴奏，也可以進行獨立即興演奏。

讓佛朗明哥舞確立與普及的最有力推手就是被稱為「塔布勞」的小酒館（歌舞咖啡廳café cantante）。最著名也是第一家佛朗明哥酒吧在一八四二年座落在塞維亞，很快的，安達魯西亞的主要城市（塞維亞、馬拉加、加的斯）和馬德里、巴塞隆納等也有了，最後傳遍整個西班牙。在照明微弱、充滿香煙味的酒吧裡，精心打扮穿著的農夫和

圖5-3　初期的男性歌手兼吉他手——埃爾・普拉尼塔

工匠坐在椅子上吃飯喝酒，享受臨時舞台上的演出。

席維利歐．法蘭克內第（一八三一?～一八八九年，圖5-4）擅長吉普賽人靈魂吶喊的幽暗歌曲形式Siguiriya，大幅提昇了佛朗明哥舞男歌手的地位，他也參與了經營咖啡酒吧並登台唱歌。在席維利歐之後，安東尼奧．夏康（一八六五～一九二九年）以抒情的Malaguena為拿手絕活，用洗練的甜美嗓音在所有身分和階級的人當中獲得了莫大的人氣。

佛朗明哥舞有著華麗又不可思議的高速節奏，洋溢著緊張感。一瞬間像是被音樂拉動的手，連指頭都灌注有感情，手和身體刻意做出不同的節奏和動作。

腳踩鞋子敲出非常複雜的拍子，稱為Zapateado，跟一般的舞步不同，不是摩擦地面，而是用腳尖或腳跟直接向下敲擊地面，然後立刻放鬆，同時擺動腰部，頭部的高度也要維持一定。

圖5-4　席維利歐．法蘭克內第

除了腳踩拍子，還有彈手指或用手打拍子。和歌曲一樣，舞蹈也會表現出快樂、悲傷、痛苦，或是對自由的渴望，對親人的思念等，是灌注所有心情的熱情之舞。

在小酒館時代（一八六〇～一九一〇年左右），佛朗明哥舞形成基本形式並迎來全盛期，但之後就開始衰退。一九五〇年代雖有復興的動向，但其實是商業主義炒作。就跟鬥牛一樣，也有人批評，佛朗明哥舞不過是西班牙的保守性和反動性的「偽西班牙」宣傳部隊。

不過即便初期是安達魯西亞的民俗娛樂，十九世紀以後，卻變成西班牙整體的文化構成要素，巧妙地表現出西班牙人共通的命運主義、悲劇世界觀，亦即思想家兼詩人米格爾・德・烏納穆諾所說的「人生的悲劇感」。佛朗明哥舞作為撼動生命整體的熱情音樂，實在是再適合西班牙不過。

萬用樂器吉他

就如先前所說，吉他是佛朗明哥舞不可或缺的要素之一，可說是西班牙的代表性樂器。西班牙發明了吉他，並廣為流傳，是個吉他從未沒落的稀有國度。吉他名曲和知名吉他手輩出也是自然而然。

吉他雖是單獨樂器，卻又能演奏各種音樂，在這層意義上可以匹敵鋼琴。既可以和管弦樂樂器一同演出，又可以模仿其他樂器（長笛、小號、雙簧管），也能像鋼琴一樣當伴奏，誠可謂是「萬用樂器」。

吉他是用雙手抱在胸前腹部彈奏，演奏法是要和身體一體化。演奏者的手指直接彈動作為音源的弦，中間沒有其他東西（像是鋼琴就有著複雜裝置），因此是手指發出了聲音。演奏者的全副身心轉移至聲音中，撼動聽眾的靈魂，並發出共鳴。這就是「熱情」的樂器。樂器與彈奏聲兩者都十分符合西班牙人的國民性。

回溯歷史，早在十三～十四世紀的西班牙就有現代的吉他雛型。起初是貌似魯特琴的Guitarra morisca（摩爾式吉他）和更接近吉他的Guitarra Latina（拉丁式吉他）。之後名為「比維拉琴」的撥弦樂器被經過各種改良，成為宮廷和上流階層的愛好品（圖5-5）。側面曲線更加圓滑的腰身帶著柔和弧度，這就是吉他的雛型。

進入十六世紀，西班牙走在生產和演奏吉他的前頭。十六～十七世紀的時候流行五組弦（複弦四條加單弦合計九弦），而非之前的四

圖5-5　路易斯・德・米蘭著作《El Maestro》中所附的比維拉琴圖

條弦（每條弦各有兩根複弦，四條共計八弦）。生於巴塞隆納附近的莫尼斯托爾醫師胡安・卡洛斯・伊・阿馬托（一五七二～一六四二年）的《西班牙吉他》（一五九六年發行，圖5-6）是第一本廣為人知的五條弦吉他課本。

到十八世紀末葉之前，五條弦已很普遍，之後一七七〇～一八五〇年代透過不斷修改後，誕生了六條弦的「古典吉他」，而且還從原本的複弦變為單弦（亦即六弦吉他）。

十六世紀以後，已經創作出許多這些成形的吉他歌曲。從舞曲、歌曲伴奏到教會音樂，各式類型都有，不過最重要的形式為「幻想曲」（Fantasia）。除此之外，吉他音樂的種類還有「火踏舞」（Jota Aragonesa）、「Foglia」、「Seguidilla」等。

圖5-6　阿馬托所著的《西班牙吉他》

即便後來貴族的興趣轉變，使得他們不再喜好吉他，但宮廷外的民眾還是將吉他視為生活的根本要素，常伴在唱歌和舞蹈左右。不管是在路邊、慶典還是市場，在西班牙隨時隨地都能聽到吉他聲。

因為「壯遊」（Grand Tour，貴族子弟接受教育完畢，會到歐洲各地跋涉旅行）而來到西班牙的旅人，都會看到人們在咖啡吧或舞會上隨著吉他伴奏起舞的樣子。

例如一七七六年，英國作家約翰．霍金斯看到浪漫的西班牙青年對女友唱《小夜曲》，於是寫下來——「在馬德里或其他西班牙都市裡，經常可見手持吉他、垂著提燈漫步的年輕人。他們會站在某一戶人家的窗下，用吉他伴奏唱一段歌曲。在主要城市裡的工人在下班後，到廣場或公共區域彈吉他自娛的人也屢見不鮮。」

另外在第2章介紹過的作家泰奧菲爾．哥提耶在《西班牙紀行》中感嘆被塞進破舊馬車的士兵們多麼能忍耐與克制，但又訝異他們沒有麵包和鞋子，卻拿著吉他。

就這樣，十八世紀後半到十九世紀，可說是西班牙吉他引領世界的黃金期。吉他作曲家、著名演奏家、教師人才輩出，彈奏者和聽眾也一直在增加。

一八五〇年代到九〇年代盛行製作古典吉他。特別是安東尼奧．德．托雷斯．胡拉多被暱稱為「吉他界的史特拉第瓦里」。這位名匠所製造的吉他，在音色優美和力道強勁上都出類拔萃。若說托雷斯是近代古典吉他的導入者，那麼開發技巧的偉大演奏者就是法蘭西斯柯．泰雷加（一八五二～一九〇九年）。吉他在佛朗明哥舞中是不可欠缺的要素，其在十九世紀大為活躍，即使以吉他作為單獨演奏的樂器，也能在這個熱情的國度撼動靈魂之聲。

浪漫主義文學

啟蒙思想在十八世紀流行於歐洲，如前所述，在西班牙卻只能以「天主教式啟蒙」的扭曲形式生長。那麼，十九世紀的浪漫主義又是如何呢？

西班牙在這個世紀剛開頭時，由於對抗拿破崙入侵、西班牙獨立戰爭而使得愛國心高昂，不過人們卻沒有資產階級的理想，反而執著於過去的教會和國家所代表的傳統價值。因此，從認同自由和個人權利起頭的浪漫主義，一開始就栽了跟頭。

不過也是有一部分人標榜自己是自由市民，他們挑戰既有秩序，要求個人權利，占據了浪漫主義的自由之翼，也因此遭受迫害，但一八三二年獲得大赦。隔年，費爾南多七世去世，從前逃亡至法國的自由主義者們紛紛回到西班牙，因而浪漫主義在西班牙的發展比其他國家還要慢。

西、法、德都有的共通想法是，否定上個世紀的理性主義、對抗所有規範和權威、仰賴個人的情感和想像力，喜好黑暗世界、荒蕪大自然、瀰漫憂鬱的愛情與死亡、目的與廢墟等主題，另外對東洋或中世紀等遙遠世界懷有夢想。

不過遲來的浪漫主義因為當時的政治與社會、宗教情勢，發展得非常複雜又混亂。話雖如此，除了連結反抗既有秩序、革命思想，也是有團體以回歸傳統為旗幟，高舉「天主教、王權、祖國」來對抗自由思想和德意志哲學家克拉烏傑的信徒們的思想（這思想後來成為教育改革運動的思想支柱）。

在西班牙浪漫主義文藝界，從一八三〇年代到五〇年代都很繁榮，代表作者之一是安赫爾・德・薩維德拉（一七九一～一八六五年），他寫出了知名傑作劇本《Don Álvaro o La Fuerza de Sino》，後來成為威爾第歌劇《命運之力》的範本。作品以快速的場面變換帶出對抗無情命運、努力存活的主角們，被認為決定了西班牙浪漫主義的勝利。

詩人何塞・德・埃斯普龍塞達（一八〇八～一八四二年）寫的英法浪漫主義詩膾炙人口，站在厭世的人生觀、懷疑主義的立場執筆。除了有類似唐璜的作品《薩拉曼卡學生》、《惡魔世界》等長篇故事詩，還有不少抒情詩，這些作品裡都充滿了憂鬱情調。

就連詩人何塞・索里利亞（一八一七～一八九三年）也是，除了類似唐璜的戲劇作品《唐璜・特諾里奧》，還有《東方詩集》、《傳說集》等作品。

西班牙的浪漫主義除了起頭很慢，也不像法、德那樣形成龐大潮流，很快就換成寫實主義。不過有意思的是，西班牙卻被譽為「浪漫國度」，其他歐洲國家的浪漫主義者嚮往的就是這個時代。而且很多文人來到西班牙旅行，或僅根據稀少的資料就展開想像之翼，沉浸在滿滿的異國情調中。

掌握地方政治與社會的卡西克主義

十九世紀前半葉，西班牙帝國失去殖民地後完全瓦解，其時本應致力於國內的成長、發展，卻因為諸多原因而無法達成。在遼闊境內的人民默許下，形成的國家前途多災多難，廢除封建規範和特權的情況也沒有進展。社會結構妨礙產業發展，呈現出典型的「酋長政治」（Caciquismo），即卡西克主義。

所謂的Cacique，就是統治地方政治與社會的酋長。他們在西班牙並不是土地持有者，而是大佃農，不過卻借地主的威風，代理職務，同時擅自將共有地占為己有，排除其他農夫。

他們在一八二〇～一八二三年《加的斯憲法》復行、一八三五～一八三七年首相

／財務大臣門迪薩瓦爾的改革（公布所有財產永久解放令、廢除領主制、農地圈地自由化、解散梅斯塔）後，參與競標轉售的教會和修道院財產，逐漸擴張自己的所有地，還從沒落貴族那兒搶購土地。

就這樣，他們成為可怕的農村領袖和大地主，造成小地主和種植農作物抵租金的佃農立場變得不利，打零工的農夫在這些領袖的命令下，領著低薪，從事重度勞力活。這些人還可以自由決定地方預算、稅金的增減，並靠著各式各樣的「手續費」賺大錢。

不過他們並不是暴君或流氓無賴，他們具備相應的智慧，並發揮工作能力，穩坐地方行政中樞。他們不只在農村，也在小城市擔任公職，這分勤勉值得讓人付出敬意。他們在民眾和以省長為首的地方長官居間協調，並進入國家組織末端（除了行政機關，特惠企業、國策企業、聖卡洛斯銀行等）一手包辦事務。

另一方面，他們也是教會、私立學校、兄弟會的保護者（會長等），就是因為展現了人民之友的一面，所以才頑強地存活下來。

他們恣意而為的政治（酋長政治）可以隨心所欲地操縱選舉。議會選舉時，中央會根據各黨製作清單，而領袖就是負責匯集選票的系統，作為交換，他們可以在就職、兵役、融資、納稅或公共工程上圖方便，或背地裡做手腳。

這簡直是貪汙、腐敗的戲碼。就連自由主義者，頂多也只是有產階級在利益政治中打滾。就算有法律，但能否適用，端看酋長的意向。

隨著酋長增加，一種恐怖政治的沉重氛圍開始四處擴散。連家族內部都要調查監視的情勢，悄悄地鋪天蓋地而來。佩雷斯．德．阿亞拉在《利蒙家之沒落》（一九一六年）中，活靈活現描繪出人民對酋長支配的「黑色西班牙」有著多強烈的憤慨與憎恨。

自由主義或保守主義，左派或右派這些政治理念，對這個時代的西班牙人民來說是次要的。當遇到侵犯地方特權或是農業上的共同習慣，很多農夫都不想改變自己目前的生活，於是排斥反抗，這也使得酋長政治成為揮之不去的夢魘。直到一九三〇年代，酋長政治才退場。

工業發展的徵兆

因為這樣的背景，即便是在科學進步的十九世紀，西班牙既不關注市場經濟，也抗拒引進新的農業技術。十九世紀初，從中世紀到近代的著名手工業、特殊紡織品相關的主要生產地（生產羅紗的貝哈爾、塞哥維亞、布爾戈斯、昆卡、生產地毯的布里韋加、生產絹的托雷多、格拉納達、莫夕亞等），經濟都停滯不前。

不過一八三四年和一八三六年，國王發布命令，阻擋了自由競爭的行會系統解體，託此之福，棉花工業和製鐵業才有飛躍性的發展。第一次卡洛斯戰爭後，一八四三年不到十年的時間，產業就急速發展。蒸氣機登場，化為船隻動力（一八四六年左右），巴塞隆納到馬塔羅之間的鐵路也開通了（一八四八年）。

財政改革的結果，健全了經濟，也開始進行公共工程。其中一項是挖掘運河，讓船隻可以航行。安達魯西亞的採礦業變得興盛，同地區的艾雷迪亞、馬拉加、諾爾堤，還有巴斯克地區的製鐵業，也都變得欣欣向榮。

西班牙政府在十九世紀後半致力於開發工業，但除了採礦業，沒什麼大規模的工業。阿斯圖里亞斯的煤礦豐富，連帶拉動金屬、機械工業。加泰隆尼亞的布料產業搭上紡織機等機械化的浪潮，有了大幅成長。

之後，加泰隆尼亞和巴斯克對歐洲開放了門戶，吸收了外國資本，這種自由貿易的活絡情況在十九世紀的最後二十年創造出新的製造業——機械、造船和金屬加工等——並變得發達。

就這樣，西班牙在十九世紀時，沿海地區的工業化蒸蒸日上，而中央及南部大片地區的農村還維持古樸，雙方因此對立，經濟等級的結構於焉成形。當時社會上不存在負責平衡的中產階級，於是演變成古老貴族、大資產階級和無產階級窮人的對峙。

王室復辟和美西戰爭

第一共和國末期混亂至極，流亡在外的伊莎貝拉之子阿方索十二世（一八七四～一八八五年在位）即位，波旁王朝復辟。從此時到第二共和國成立之前，叫做王室復辟期（一八七四～一九三一年）。阿方索國王在一八七六年，採用以議會君主制為理論基礎的憲法，施行君主立憲制。只不過天主教再度成為國教，並支持民族主義，王權依舊有權干預政治。

阿方索十二世宅心仁厚，受到人民愛戴，無奈早逝，因此由剛出生的阿方索十三世（一八八五～一九〇二年）即位，由皇后瑪麗亞．克利斯提娜攝政。攝政期為了確保政治穩定，一八八五年由當時的首相卡諾瓦斯牽線，締結了《帕爾多協定》，之後自由黨和保守黨成立聯合政府，相約計畫性地輪流交替政權。另外皇后也展現出寬容態度，宣布出版自由以及對囚犯大赦，但即便一八九〇年實施男性普通選舉制度，但選舉還是被酋長政治及其金援關係所控制。他們控制了選舉結果，令民眾感覺被愚弄，於是厭棄民主制度，決定棄權不投票。

上述兩黨以外的政黨，由於被排除在國政外而感到不滿，而且勞工和農人皆為經濟狀況惡化所苦，於是開始上街頭遊行示威、暴動。不過，治安警察嚴格取締、鎮壓了這些騷動、抗議活動。

議會王政負責攝政，最後因無法回應人民期許國家重生的希望，又發生結局悽慘的美西戰爭（古巴的反西班牙獨立運動演變成革命，造成美國和西班牙對彼此宣戰），結果簽訂《巴黎和約》（一八九八年），明定古巴獨立，割讓波多黎各和關島給美國，並將菲律賓賣給美國。

另一方面，傳統的卡洛斯派、其他地區的巴斯克及加泰隆尼亞地區主義者，也對政權愈來愈不滿。受到無政府工團主義（Anarcho-syndicalism）的影響，於是勞工階級群起反抗，但政府並無適當處理辦法。

西班牙就這樣走入死胡同，並催生出「九八年世代」的藝術家、思想家、小說家。他們內化國家的失敗，各自摸索創新之路。米蓋爾・德・烏納穆諾（思想家）、馬查多兄弟（詩人）、愛力森（小說家・評論家）、皮奧・巴羅哈（小說家）、哈辛托・貝納文特（劇作家）、拉米羅·德邁斯圖（評論家）、巴列因克蘭（小說家，請見第6章）等為其代表。

民族意識成形之困難

十九世紀是民族主義在歐洲各國興盛的時期，更是互起衝突、戰爭頻傳的世紀。義大利和德國從中世紀開始就一直分裂，由於國家統一運動盛行，在這個世紀的後半段統一。西班牙早在十五世紀末就幾乎「統一」成為接近於現在的版圖，其王室政權卻因為與外國王朝之間的血緣關係而經常發生變化，再加上各地區的歷史和風俗都大不相同，因而難以達成民族統一。

唯有在拿破崙軍入侵時，西班牙的愛國心才高昂起來，全體人民立場一致地決定要獨立，但是卻無法決定要用什麼政治體制來統一。採用立憲自由主義的革命派，與支持傳統王政的保守勢力相對抗，在重複革命和反革命的期間度過了這個世紀。

不過在這過程當中，由上開始的國民意識確實有一點一點地在成形。一八三三年，作為行政單位的地區被取消，改用四十九個縣取代。法律和政治體制統一，要求所有人民要對國家忠心耿耿。

調整教育體制、定卡斯提亞語為官方語言等，都有在進展。人民的意識雖然還依附在地區層面，但政府官僚創造出「西班牙國民」、西班牙即唯一民族國家的形象，透過出版物傳播整個國家。

不過西班牙和德、義兩國不一樣的，在於西班牙創造國民意識的進度愈往前，地區主義就愈是星火燎原，民族主義強烈主張其他地區的獨立特性，與中央互別苗頭的情況屢見不鮮。十九世紀中葉的加泰隆尼亞、巴斯克、加利西亞等，成為發揚民族主義的主舞台。加泰隆尼亞和巴斯克的經濟發展比中央還要好，成為產業革命的中心，有「西班牙工廠」之稱，因此加深了自信。

不管是在加泰隆尼亞還是巴斯克，政治運動化都是從一八七〇年代開始，守護自己地區的語言、文化、制度、習俗等固有資產，形成高舉地方特色的民族主義。

十九世紀的西班牙就像這樣，民族主義和地區民族主義並行而起。不過西班牙人比較自我中心，與其為祖國或地區犧牲，他們寧可讓個人和家庭歸屬於國家或地區。個人以家庭為生命的避風港，情感也由此孕育。由於故鄉或地方都是家庭的延伸，所以難免會興起親情之愛，不過他們不知道這對國民意識會造成怎樣的傷害。因為十九世紀的西班牙不像法國和英國有資產階級，會以國民利益為第一、推動自由主義運動。

黃金時代過去後，帝國瓦解，反神職人員主義遍布各個階層，使得天主教的整合力道變弱，接下來該如何組建「國民國家」，讓西班牙的上位者進退維谷。

第 6 章

內戰・自治區・歐盟

——20世紀以後——

巴斯克人集會追求自治

在西班牙，即使到了十九世紀末，政治依舊混沌，社會問題也依舊不能獲得根本的改革。國王沒有絕對實權，受自私自利又懶惰的顧問大臣所欺瞞，選出的大臣都膚淺媚俗，在政權對立的黨派之間遊走。最後人民只能靠自己推動政治。

阿方索十三世親政與第二共和

西班牙在瑪麗亞．克利斯提娜皇后攝政時期，失去了菲律賓、古巴、波多黎各等最後的海外殖民地，國內對政治的不信任也到達巔峰。到了一九〇二年，從一八八六年就在位的阿方索十三世（一八八六～一九三一年在位）終於成年，開始親政。

在這個時代，要注意的是勞工運動變得興盛。在都市化過程中，無產階級者變多。美西戰爭使得巴塞隆納和畢爾包的布料、鋼鐵、造船、機械等產業失去了海外市場，這讓勞工非常不滿。產業革命進行，領袖政治的根基逐步瓦解，成為後來用具體行動表達不滿的破口。面對厚顏無恥寄生於國家的地主，農夫及勞工總算磨利自己的階級意識，被無政府主義、馬克思主義、工團主義等激進思想所吸引。

他們以工會組織為據點，拓展政治運動和文化運動。社會勞動黨和「工人總聯盟

（UGT）」（社會主義系）成立，這些組織也兼娛樂、學習、社交功能。在一九一〇年，展開了基於無政府工團主義的聯合運動（全國勞工聯合會），直到內戰為止，此組織都在指揮西班牙的勞工運動，自此開始有組織性的舉行遊行、罷工、法院辯論等。這些運動未必能順利進行，為了成功，需要軍隊（將校集團）的協助，也就是說政變是不可或缺的。可是即便如此，脫離酋長政治後，人民得以左右政治，能有效讓統治者有所覺察。

一九一四年第一次世界大戰爆發，西班牙採取中立。交戰國需要煤、鋼鐵、布料等物資，因此西班牙的出口激增，這種軍需讓經濟飛快成長。城市成長後就整修道路網，電力產業、蓄水庫、水泥業也發達起來。可是工會活動、勞工運動和民眾暴動仍沒有停歇，政治也不穩定。

就在這時，米格爾．普里莫．德里維拉將軍在一九二三年發動政變，施行獨裁。於是一八七六年以來的君主立憲制結束，軍事評議會停止議會的功能，開始審查人民，將各制度套於軍隊的枷鎖上。

米格爾．普里莫．德里維拉政權被視為軟弱獨裁，但他拔擢律師、經濟學者、專家官員擔任政府的主要職位，一九二〇年代以義大利的墨索里尼為範本，為了讓西班牙社會重生和發展經濟，進行了保護、培植產業和大規模的公共工程。

不過西班牙的獨裁政權，不只左派勢力和地區主義政黨，軍隊內部亦反彈，通膨危機和經濟政策失敗亦導致資本外流，成為致命一擊。米格爾．普里莫．德里維拉孤立無援，於一九三〇年一月辭職，隨即過世。

長久以來，在西班牙相夫教子被視為女性的本分，除了下田耕種，女性幾乎被所有職業排除，不過在米格爾．普里莫．德里維拉的獨裁時代，「新女性」開始昂首闊步於社會，引人注目。女性追隨巴黎的流行，剪掉長髮穿短裙的時髦打扮，從都市蔓延到一部分的農村（圖6-1）。實現男女平等是在調整法律權利有所進展的第二共和國時期，不過早在一九二〇年代，對女性的觀點已開始改變。

圖6-1　費德里柯．里霸斯所繪的「新女性」

德里維拉獨裁瓦解後，反王權主義的共和派，和地區勢力簽訂了《聖塞巴斯蒂安條約》（一九三〇年八月），後來一九三一年四月，在市鎮村議會選舉的主要城市裡頭，共和派出乎意料的贏了支持王政派。因此從一九〇二年開始親政的阿方索十三世，也放棄恢復君主立憲制，宣布退位。在民眾的歡呼中，一九三一年四月十四日宣布第二共和國成立。然後在十二月發布了推行自由主義、男女平等、政教分離的第二共和國憲法。

第二共和國以威瑪共和國為範本，又稱為「知識分子的共和國」，一開始是由社會勞動黨主導。這個政權理解地方自治，重視民主主義，除了軍事改革、容許加泰隆尼亞自治政府存在，還積極推動社會改革。例如保護貧農和勞工、派遣教育使節團下鄉進農村、保護信仰自由、剝奪天主教教會特權等。

不過在瓦解大地主制度的農地改革上，由於政策大膽，造成許多漏洞可鑽，以致成果不彰。不只大地主、軍部和教會，連農民和勞工都群起反抗。激進的右派和左派都發動示威遊行，治安急速惡化。

一九三三年，右派勢力進行組織化，組成法西斯式的長槍黨和天主教右派的CEDA（西班牙獨立右翼聯合會），在一九三六年二月的總選舉中獲得壓倒性勝利。

在第二共和國初期擔任首相的阿薩尼亞再度出任首相，後來擔任大總統，試圖加速農業改革等施政，但卻沒能見到顯著的進展。而且沒有土地的農民和無產階級，與中產階級對立，中產階級於是向軍隊請求保護。左右激進派的暴力也層出不窮。

然後七月十三日，王黨派的右翼領導何塞・卡爾沃・索特羅，被共和黨突擊隊暗殺，成為惡名昭彰的西班牙內戰（一九三六～一九三九年）導火線。

從西班牙內戰到佛朗哥時代

左右兩派與地方勢力的主張、利害各異，礦工等不斷叛亂、暴動，最後議會和共和派都失去了政治主導權，過往的派系與民眾掌握了主導權。左派受到俄羅斯共產黨的影響而成為共產黨，右派由長槍黨和軍部擔任，兩派之間頻起衝突。

一九三六年七月十七日，佛朗哥將軍率領的摩洛哥守備隊叛變（軍事政變），隔天，全西班牙的守備隊都起而響應。事已至此，走傳統主義的卡洛斯黨、教會、長槍黨呼朋引伴，而反對他們的共和國政府則獲得無政府主義者、社會黨、被給予自治權的加泰隆尼亞和巴斯克、還有馬德里跟巴塞隆納等大都市工人和效忠共和國警察勢力的支持。

佛朗哥在同年十月宣布自己成為國家元首，主張自己是在挑戰「紅色反西班牙」的十字軍。支持他的民族主義士兵也在同個旗幟下結盟。

希特勒治理下的德國，和墨索里尼執政的義大利，對走國家主義路線的佛朗哥派表達支持，同時天主教教會也聲援（圖6-2）。英、法則是唯恐西班牙的動亂波及到鄰近諸國，釀成世界大戰，所以採取不干涉的態度。

對孤立無援的西班牙共和國政府伸出援手的，只有蘇聯和墨西哥。不過各國聚集了將近六萬名的國際義勇兵，支持共和派拿起武器，造成內戰的延長。

圖6-2　在昂代（法國領地巴斯克市鎮）的佛朗哥和希特勒

「兩個西班牙」的對立，完全斬斷了原本不團結的社會。反叛軍也就是民族主義者，對其他共和派以及反教權主義者進行毫不留情的攻擊和報復，同時擴大戰線以鎮壓各個地區，三年的時間裡有高達五十萬居民毫無理由地被殺害。

由於雙方都相信自己代表國家的正統性，盲目征戰，最後馬德里在一九三九年三月被攻陷，追隨佛朗哥的民族主義者獲得勝利，內戰宣告結束。

佛朗哥取得政權後，除了共和國軍人和士兵、武裝游擊隊，共和派的知識分子、公務員、政治家、教師、工會運動者、加泰隆尼亞和巴斯克民族主義者等，與人民戰線派有關的人全都被徹底鎮壓。在馬德里，每個月有超過一千人被宣判死刑，內戰結束後三年間推測有兩百萬人坐牢。

即便內戰終於結束，自由和平仍沒到來，因為佛朗哥三十幾年來一直霸占著獨裁者的位置。他慢慢鞏固長槍黨的一黨獨裁，獲得軍方、教會和官僚等支持。

佛朗哥以神職人員推舉權作為特權，想要讓精英主義的天主教組織ACNP（天主教全國傳教者協會）和主業會這些宗教團體的信徒為政權所用。另外在學校亦實行天主教教義的教育，推動「國家天主教主義」。

即便共產黨、共濟會、共和主義者被鎮壓，社會依然呈現分裂狀態。由於嚴格審查言行，個人自由沒有保障，不服從者會被趕走，失去糧食配給等。

一九三九年第二次世界大戰爆發，佛朗哥宣布中立，致力復興國內產業。戰後，西班牙被各國視為獨裁國家，不得加入聯合國，但一九五三年，西班牙加入反蘇聯陣營的同盟者，獲得美國認可，簽訂軍事基地租借條約，於是兩年後獲准加入聯合國。

後來佛朗哥為了重振經濟，放棄了封閉型經濟（自給自足型經濟），一九五九年被IMF（國際貨幣基金組織）勸說而接受「穩定經濟計畫」，也就是改採經濟自由化、財政緊縮、廢除外資限制等。

就這樣，獨裁政權到了最後的階段（一九五六～一九七五年），佛朗哥的態度讓經濟有了大幅變化，同時也獲得效果，一九六〇年代經濟高速成長，西班牙迅速進入工業化時代，同時也實施振興觀光的政策。

但很遺憾的，這波專家主義（由專業人員支配管理）的過程，並沒有與政治面的自由化連結。然而，以農村為中心設立一千五百間初等教育學校、從學齡前教育到大學教育共分為五個階段、調整教育課程，這些都是有進步的。

在這當中，佛朗哥的權力弱化，勞工、學生、自治論者和中產階級提出異議的情況增加。大學變成反體制運動的中心，加泰隆尼亞和巴斯克的民族主義也活躍起來。最後，佛朗哥在一九七五年十一月過世。

歐洲與西班牙

一九七五年，佛朗哥獨裁統治結束，西班牙再度擁戴波旁家族的胡安・卡洛斯一世為國王。新的憲法立即起草（一九七七年），隔年年底就舉辦普選，並獲得壓倒性的同意，最後交由國會制訂。

憲法條文是由議會中占多數的民主中道同盟（UCD）、左派的社會勞動黨、加泰隆尼亞民族主義政黨「集中與統一」，從前佛朗哥政權苟延殘喘的右派國民同盟，都加入討論並一同制訂。這是西班牙第一部民主憲法，也是延用至今的憲法。除了自由、正義、平等，還謳歌議會主義型的立憲君主制、地方分權、多民族共生、聯邦主義等，內容優良，因此吸引了逃亡海外的國民回國。

王室復位後，一開始擔起政權的是走佛朗哥路線的納瓦羅內閣，不過一九七七年在議會大選下成立了民主中道同盟的蘇亞雷茲內閣，一九八二年由社會勞動黨的年輕黨魁菲力普．岡薩雷斯完成首度政黨輪替，此政黨一直掌握政權到一九九六年。

一九八〇年修改勞動法，明定男女平等，女性念大學的比例增加，從政人數也增加。經濟層面上，一九六〇年代的佛朗哥時代經濟起飛驚為天人，卻在一九七〇年代中期，因石油危機而受重挫，之後人民為長期的經濟不景氣和高失業率所苦，還好在社會勞動黨的政權下逐漸恢復成長。

佛朗哥之後所樹立的民主型君主立憲制，斷絕了長期以來沒有正統性的獨裁體制，亦或是支持民主的西班牙人民讓獨裁體制無力化，在自由民主的西歐理念所賦予的形式下，建立了新的正統性。之前倍受壓抑的民主化運動迅速回春，雖是王國卻有前所未有的民主政治型態，可說是劃時代表現。西班牙人的生命熱情無論在任何體制下都不曾被踐踏過，總算有機會朝正確的方向流動。十九世紀到二十世紀前半段，反覆數十次的軍事政變也未能完成的政治體制，到此終於得以實現。

說到西班牙和歐洲的關係，自中世紀以來就是在卡斯提亞主義和歐洲主義之間擺盪遊走。西班牙有時把歐洲當成冷淡的外人（或被歐洲當外人），有時則是把歐洲化當成西班牙唯一可以獲救的發展模式，所以希望建構極親密關係，與歐洲親近（阿方索六世、阿方索十世、卡洛斯一世、卡洛斯三世的時代），可說是非常極端。

進入二十世紀後半，隨著實現民主，西班牙終於成為歐洲真正的一員。佛朗哥死後開始和歐洲他國進行對話，一九七七年談判加入ＥＣ（歐洲共同體，一九九三年發展為歐洲聯盟ＥＵ），一九八六年終於入歐。並在一九八二年加入ＮＡＴＯ（北大西洋公約組織）。

加入ＥＣ，意味著西班牙放棄原本的「孤立」政策，可謂現代歷史的大事件。西班牙進入ＥＣ（ＥＵ）後獲得經濟上的援助，得以脫離不景氣。特別是一九九九年引進歐元之後，經濟發展迅速。其間，土地開發限制緩和、人力僱用流動性政策等也有奏效。

民族主義與自治區國家的建立

前一節敘述了西班牙要形成國民意識的困難，愈是想要凝聚成形，愈是造成地區的民族主義崛起。即使進入二十世紀，這點也沒有改變，要求自治的運動從未消失。

一九二三年，普里莫．德里維拉軍事獨裁政權在政變下成立，不斷鎮壓自治運動，在第二共和國的治理下，運動再度死灰復燃，不過後來又被佛朗哥打壓。在佛朗哥的獨裁下，從一九五九年組成的巴斯克民族（主義）黨分出的ＥＴＡ（巴斯克祖國和自由）組織，不斷進行恐怖攻擊。佛朗哥的心腹、首相卡雷羅．布蘭科於一九七三年被ＥＴＡ暗殺，全國震驚。

一九七五年佛朗哥過世，接下來是民主化時代，地方分權依據一九七八年的西班牙憲法推進，直到一九八三年為止，承認了十七個自治州。自治州有自己的議會、政府、法院，可以擬定預算，進行公共建設和文化活動。而且許多自治州在一九九〇年代改訂自治憲章，擴大權限。

以大學為首的高等教育權，到一九九八年之前移交自治州政府管理。二〇〇一年時，裁撤國家統一管轄的國立保健機關，移交權限給自治州。加泰隆尼亞語、巴斯克語、加利西亞語等地區方言，與標準西班牙語並列為各自治州的官方語言。

給予這麼多的自治權，想必人民應該心滿意足，但很多加泰隆尼亞人仍不滿，希望繼續擴大自治權，認為最好能「獨立」成一個國家的加泰隆尼亞居民有增無減。

即便憲法法院判定違憲，即使中央政府和國際社會反對，加泰隆尼亞自治州議會和州首相仍義無反顧，積極往獨立邁進，終於讓中央政府下達嚴厲的制裁：停止加泰隆尼亞州的自治權。這件事大家想必都還記憶猶新（二〇一八年六月恢復）。

加泰隆尼亞語跟南法的歐西坦語（普羅旺斯語）比較相近，跟卡斯提亞語差異較大。加泰隆尼亞誕生許多優良文學，具有獨立的文化，從十六世紀以來就一直是西班牙政府中央集權政策下的犧牲品。三十年戰爭、西班牙王位繼承戰爭、對付拿破崙侵略的西班牙獨立戰爭，在這三場與歐洲列強（特別是法國）的戰爭中，加泰隆尼亞都被中央政府鎮壓，地方自治也不被承認。

加上後來的普里莫．德里維拉軍事獨裁政權時代和佛朗哥時代，不僅禁止在公開場合講加泰隆尼亞語和表演民族舞蹈，還廢除文化機構、處死政治家和工會會長等，在在殘酷的打壓加泰隆尼亞。因此加泰隆尼亞人希望在政治上脫離西班牙是很正常的。

另外，在印歐語系人種來到歐洲之前，一直住在庇里牛斯山的狩獵民族，被視為巴斯克人的祖先，他們的語言也是歐洲唯一非印歐語系的語言。而巴斯克人想要以巴斯克語為詩和戲曲的創作中心來成就文化復興等，以保存獨特的民族文化。還透過「巴斯克民族黨」的政治運動來強化獲得自治權運動。

可是就跟加泰隆尼亞一樣，巴斯克人的自治要求總是被扼殺，還多次受到鎮壓。所以巴斯克人對中央政府的怨恨和獨立願望深入骨髓，也是可以理解的。

西班牙的精髓，在於天主教傳統和卡斯提亞的語言、純粹血統，但堅持這種想法的西班牙主義者已不復在，新的西班牙民族主義，披著民主的西班牙憲法重現於世。為與之對抗，民族文化各異的各地區，都想要各自以國家的身分「獨立」。高唱這點的地方民族主義逐漸擴大，可是筆者認為這兩者其實是表裡關係。

西班牙民族主義的過度行徑當然是問題，不過西班牙每個地區都和相鄰地區融合、交流，而有了數百年的複合式特性歷史。將這樣的複合式特性地區大致集合起來，就是現在的西班牙這個國家。

遙望伊比利半島在中世紀以後所創作的故事詩，可知道文學中反映出兩種語言並存共用的習慣。純粹的西班牙（卡斯提亞文化）基本是不存在的，地方文化也是和其他地區積極交流而誕生。在再征服運動和海外殖民中，巴斯克人在卡斯提亞王國大為活躍，巴斯克地區境內使用卡斯提亞語亦是再普通不過的事。

但不認同西班牙民族主義的地區民族主義者卻不以為然。他們以語言為根據強調民族的差異，反卡斯提亞化，進行反中央極權主義的政治運動。再者，加泰隆尼亞因紡織工業、重化工、機械工業，巴斯克則因造船、鋼鐵、金屬加工、冶金等使得經濟欣欣向榮，但也要感謝一直以來支持這分好光景的西班牙整體經濟，可是民族主義者卻認為，自己繳的稅不該花在貧窮地區，所以應該要獨立，這想法可以說是忘恩負義。

西班牙史學家亞梅里克．卡斯特羅認為，加泰隆尼亞和巴斯克等民族主義者應接納伊比利半島的多樣性歷史，就會知道唯有置身在整個西班牙之中才有意義，可是他們卻被國家獨立這種說法所惑，高唱錯誤的理論，甚至還主張，整個伊比利半島的所有民族，包含十二世紀獨立的葡萄牙在內，都未曾與自己的過去達成和解。在這方面，西班牙人真的必須要好好想清楚。

詩人羅卡

在民族主義和地區主義兩者激發火花的二十世紀，西班牙出現了什麼樣的文學和藝術作品？從十九世紀末到二十世紀，文學有了戲劇化發展（在佛朗哥掌握實權之前），現代主義（Modernismo）的詩詞運動盛極一時。這是從拉丁美洲反向輸入的運動。

例如，拉蒙．德爾巴列（因克蘭，一八六六～一九三六年）既是詩人、小說家也寫戲曲，他的知名四部作品《秋季奏鳴曲》、《夏季奏鳴曲》、《春季奏鳴曲》、《冬季奏鳴曲》，就受到現代主義的影響。以悖德侵蝕的信仰為背景，以圖畫和音樂性描繪沒落貴族的生活、戀愛的各種樣貌，還利用詭異的劇情和豐富的色彩，發表許多充滿幽默和諷刺的作品。戲曲則是以《野蠻的喜劇》、《波西米亞之光》、《神聖話語》等為人所知。

歐洲各國詩壇在十九世紀末到二十世紀前半段時，象徵派使用高度的修辭技巧，造成抽象理念形象化，超現實主義詩人對於夢、幻覺、想像力與驚奇有著絕對信念，試圖表現的動作雖然很多，但在庶民國度西班牙，浸泡在庶民人生、熱情之泉中，編織文字的詩人登場——費德里哥・賈西亞・羅卡（一八九八～一九三六年）。為大家所愛的他是同時代西班牙的代表性詩人，在國際間也很有知名度。

羅卡生於安達魯西亞地區，接近格拉納達的小村莊。他能從洋溢的感性之泉中汲取文字，唱出對愛與生死的感謝和絕望。他歌頌故鄉安達魯西亞的光景，也是熱情噴發，用樸實又深入人心的話語來表達。他充分利用庶民要素，而且還將之精鍊成巧妙的古典戀愛詩。代表作品有《吉普賽故事詩》（一九二八年）、《Poema Del Cante Jondo》（一九三一年）等。前者是將十四世紀的故事詩傳統，導入最新的前衛詩。

一九三六年，暗助佛朗哥將軍的軍事政變引發了內亂，羅卡被視為左翼分子，成為法西斯主義長槍黨盯梢的對象，後來他在八月十六日被捕，和其他共和主義者一同被槍斃。這位國民詩人的悲劇下場，不只西班牙，舉世的知識分子都認為是「自由之死」而大受衝擊。

第二次世界大戰後，小說從以前的寫實主義以及舉發社會現象，蛻變為以藝術主義小說為主流。運用Tremendismo，也就是主觀主義，扭曲甚或表現悲慘現實的卡米洛・荷西・塞拉《帕斯卡・杜瓦特家族》和卡門・拉佛雷《鏡花水月》等，都可視為代表作。

畢卡索、米羅、達利

接著來看看二十世紀的西班牙畫家和建築師。

二十世紀是自黃金時代以後，西班牙再度出現許多偉大畫家、建築師的年代。最有名的就是巴布羅．畢卡索（一八八一～一九七三年）。他生於馬拉加，一八九五年因為父親身為美術學校教師之故，搬到了巴塞隆納，度過青春期。一九〇〇年，他開始數度造訪巴黎。在巴黎和詩人紀堯姆．阿波利奈爾和馬克思．雅各、畫家喬治．布拉克等人結為莫逆之交，深受影響。

以多點透視，把主題分割成很多面的立體派畫家，是他最為人熟知的身分，但其實畢卡索每個時代的畫風和形式都大不相同，都走在時代尖端。像是「藍色時期」是走羅特列克風格的主題和技法，生動描繪出社會底層的悲哀，再經過以演員和雜技表演者為主題、氣氛沉穩的「粉紅色時期」，然後來到受非洲和古老的伊比利雕刻的影響，走樸實卻充滿能量的「黑人時期」。在一九〇七年繪製的〈亞維農的少女〉則成為立體派（Cubism）的里程碑（圖6-3）。

圖6-3　畢卡索的〈亞維農少女〉

接在後面的是「新古典主義時期」和「超現實主義時期」。除了油畫，他還製作了水彩畫、版畫、素描、壁畫、雕刻、陶瓷等數量驚人的作品。

畢卡索與我們圍繞著熱情主題的密切關聯，就是在納粹德國席捲歐洲，西班牙的軍靴踏踏作響時，畢卡索畫了許多與鬥牛有關的畫。以結合米諾陶斯（人身牛頭怪）和鬥牛的〈米諾陶之戰〉為主題的一連串作品，還有成為反戰象徵的〈格爾尼卡〉（一九三七年）為代表作。

他對鬥牛癡迷，整個生涯都一直在畫鬥牛。如第4章所見，鬥牛與死亡緊密相連，不過畢卡索卻在這場賭上人類、公牛、馬匹生命的戰鬥中，透視到殉教、活祭品的象徵，與十字架上的耶穌重疊，長年繪製的〈耶穌受難像〉和〈鬥牛〉最後逐漸融合。

接著是胡安・米羅（一八九三～一九八三年）。他是穩居超現實主義中流砥柱寶座的加泰隆尼亞畫家，生於巴塞隆納，死於馬約卡島。他凝視大自然並對話，擅長組合樹木和星星、小鳥和女性等形象和符號的抽象畫。以〈農莊〉為代表，靈活運用以原色為基調的大膽用色，幾何的空間處理，劇烈變形等，讓整個畫面散發出充滿喜感的幽默、開朗的詩意、奔放的感情。

米羅的作品雖遠離現實，又造型奇特，卻跟同樣被歸類在超現實主義的達利、馬格利特等人的寫實畫法相去甚遠。除了風景畫、肖像畫、裸體畫等，還有很多石板印刷、陶瓷作品、緙織壁毯、雕刻、公共空間的壁畫。

圖6-4　米羅的〈農莊〉

第三則是薩爾瓦多·達利（一九〇四～一九八九年），他是加泰隆尼亞地區北部的菲格雷斯的公證人之子，是畫家兼雕刻家兼作家，更被視為超現實主義的代表人物。他以自我陶醉和誇張妄想來吸引目光，但奇怪的行為舉止使得他毀譽參半。

他在馬德里的皇家聖費爾南多美術學院學習，接受了各種流派，之後前往巴黎，在一九二九年左右開闢了獨特的境界。〈記憶的永恆〉（一九三一年）是古典超現實主義時代的代表作之一，柔軟到像是融化的時鐘，象徵著世界的崩壞感（圖6-5）。他在第二次世界大戰時逃到紐約，於一九四九年回到加泰隆尼亞。

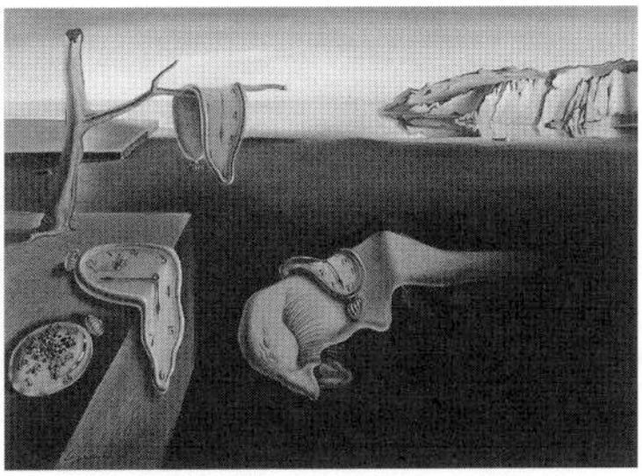

圖6-5　達利的〈記憶的永恆〉

他使用多重形象和細緻描寫，畫出非現實的夢境世界和人類隱藏的慾望。他稱之為「偏執狂批判法」。晚年，他重拾天主教信仰，恢復文藝復興式繪畫，而且受到同時期科學進步的影響，發展出「原子核神秘主義」，主要的主題為夢境、性愛、食物、妻子卡拉、宗教等。〈聖十字若望的基督〉（一九五一年）是宗教繪畫代表作，第3章中所提到被賦予「熱情的神秘主義者」稱號的聖十字若望所繪製的素描，是達利的靈感源頭。

建築師高第

最後是建築師安東尼・高第（一八五二～一九二六年）。他也是出生於加泰隆尼亞地區的巴塞隆納藝術家。高第的父親是個銅匠，高第年輕時學習建築，不久就成為加泰隆尼亞現代主義運動的重要舵手。

他是脫離維多利亞時期的先行者風格，以幾何色塊、格式化的磚瓦或石頭、明亮的磁磚、植物和爬蟲類的金屬工藝等組合，架構出自己的獨特風格。

高第作品中最大的特徵，就是自然景觀和動植物的形象。森林和蘑菇、深海底部和隨海浪搖曳的海草，或是像洞窟和熔岩的神秘生命力，覆蓋在建築物的內外。

一八八三年，他接受聖家宗座聖殿暨贖罪殿的建設（接替初代設計師維拉爾）委託。令人瞠目結舌的聖家堂，東西南的立面分別代表了誕生、受難、復活，中殿內部六十公尺的柱子上方，就像樹木一樣會分岔擴散。雙曲線面和拋物線，使用多面體的平衡風格，同時也包含了哥德和新藝術運動的要素。

聖家堂在興建過程中，數度因資金不足而有中止的危機，在高第生前只完成一部分，但有著十八根一百多公尺高塔的聖家堂將預定在二〇二六年宣告完工。此建築物可謂巴塞隆納，甚至是西班牙最知名的建築物。

高第還設計了贊助者奎爾家的宅邸、公園，奎爾居住區教堂。其他資產家的宅邸，像是米拉之家和巴特尤之家也很有名。宅邸完全沒有內部的支撐物（支柱）和外部的扶壁等，只用傾斜圓柱建造，相當夢幻。高第向歷史上的各種風格學習，同時以罕見的色彩感性和充滿個性的建築語言搭建，其建築魅力是無與倫比的。

現代西班牙的熱情在哪裡？

二〇一七年，筆者寫作本書時，西班牙的國內生產毛額（GDP）達到一兆三千零七十二億美金，不到日本的三分之一，但已躋身先進工業國的行列，也產生許多公務員、技術人員、白領族等新的中間階層，還將料理與藝術化為商品，大舉行銷世界，巴塞隆納等地總是被觀光客擠得水洩不通。失業率雖在百分之二十上下來回，還是很高，但紮實的經濟成長可以改善這狀況。

不過由於西班牙人快速拋棄長年來固守的習俗與規範，因此精神和道德層面追不上物質和經濟層面的發展。活在這個匆忙又不知所措的現代，西班牙的熱情可以在哪裡找到呢？當然「鬥牛」和「佛朗明哥舞」仍存續著，人們新增了對文化遺產和觀光資源的興趣。但新的現代式熱情，出口不知何在？

天主教教會引領西班牙人精神超過千年，在政治及社會上仍舊相當有重要性（現在每四名西班牙人仍有三人是天主教徒），但不容否認影響力驟減。在急速的世俗化和去宗教化的情況下，實在不可能從天主教誕生出新的運動，以取代過去在天主教底下培育出的熱情運動（神秘主義、冒險新大陸）。

國民運動又如何？在現代西班牙，「足球」人氣超越鬥牛。英國人在十九世紀末期首次將足球傳入安達魯西亞地區港都威爾瓦的銅礦礦場和鐵道公司，幾乎在同個時期，巴斯克地區、馬德里、巴塞隆納等都創立了足球隊。

西班牙各地都有設立足球俱樂部，因此可以舉辦比賽切磋身手。一九〇三年，阿方索十三世舉辦了「國王盃」，一九二八年開始有「甲級聯賽」，並與運動雜誌、報紙、廣播合作，使得足球如今成為最大宗的國民娛樂。足球成為西班牙全國最狂熱的運動，可以想見這也是現代西班牙固有的熱情表現。

圖6-6　聖誕樂透彩券

讓西班牙人狂熱的還有國營樂透，特別是一八一二年發行至今的「聖誕樂透彩券」（圖6-6）。每年十二月二十二日早上，全西班牙人會盯緊開獎近四個鐘頭，生活主軸繞著緩慢開獎的活動進行。開獎會場在馬德里皇家劇院。天主教大學聖伊德方索學院，擁有從十六世紀起綿延悠長的歷史，由該校學生公布中獎號碼和中獎金額，觀眾們個個屏氣凝神（在現場或看電視）目不轉睛，簡直像是全國人民參加的盛大彌撒。這一天前後，大家說的都是電視、鎮上的事和樂透。俗稱「El Gordo」（頭獎）的獎項，總額高達二十四億歐元，是世界最高額的樂透獎金。

西班牙的成年人有百分之九十八都會購買這個樂透，這真是驚人的數字。西班牙人的樂透還有一個特徵，就是家人、朋友圈、公司同事、當地酒吧．咖啡廳．俱樂部的常客等，會集體購買「相同號碼」（這種樂透會販售許多相同號碼的彩券）。假如中獎，就變成「大家都是贏家」。

舉個例子，今天如果是法國人，就是以「個人」購買，但西班牙人則是跟日常有所往來的人「集體」購買，因此刺激和感動都會加倍。不管是歡喜還是沮喪，都有同伴一起承擔，多麼美好的場面呀。

不管結果好壞，自己都被排除在外，這種事令西班牙人畏懼。身邊的人扔下自己，突然變成有錢人，毫不相干的人只是出於僥倖才一夜致富，後者在情感上比較能為人所接受。有學者觀察這現象而推論出西班牙人的國民性。

西班牙的樂透熱潮，可能就是過往新大陸黃金國之夢的征服者慾望現代版。西班牙人想藉由國營樂透成為億萬富翁的熱情，將會往哪走呢？就讓我們一起靜靜地看下去。

本書總結

本書談古論今，回溯西班牙歷史，運用探照燈聚焦的方式，將燈光打在各個時代具有濃厚鮮明「熱情」的人事物、運動、文藝上面。

在羅馬時代，古伊比利亞人性格剽悍，不願被強迫拋戈棄甲，寧可自殺；阿拉伯時代，官能戀愛詩文和纖細柔美的宮殿；再征服運動時代，人們懷著熱情追求榮譽，參加再征服運動；在西班牙的黃金時代，征服者帶著熱烈的冒險心，追求名譽，征服新大陸；對紅色、鮮血和基督受難像懷有狂熱的神秘家和一般信徒；華麗戲劇化表現的巴洛克建築和古典戲劇；十八世紀的波旁王朝有死亡、性愛、鬥牛娛樂、風流倜儻的唐璜、哥雅的藝術、民眾的祭典文化；十九世紀有靈魂音樂佛朗明哥舞和吉他音樂；二十世紀人民對政治的熱情展現在政變上……諸如此類。

這種「熱情」的展現，前面已詳述，與西班牙各時代主要的政治創舉以及社會結構有關。熱情是「人民」的產物，從集體的生命之源流露出來的性格，深深刻劃在西班牙歷史中。

西班牙歷史的主角不像英國是國王或紳士，也不像法國是貴族和資產階級，始終只是「人民」。

西班牙歷史中的天主教徒、穆斯林、猶太人三者的文化交流，賦予了熱情色彩。這可能是因為改宗者被逼到文化社會邊緣，為了隱藏身世，同時還要成就最前衛的文化和宗教成績。

筆者刻意擷取觀光手冊陳腔爛調的詞——熱情，回溯西班牙這個國家的成立，西班牙人的言行、習俗、文藝的歷史，但一直盤聚在我心頭的，是與西班牙人身心結合的特性，也就是深層意義的「熱情」。

這跟薩爾瓦多．德．馬達里亞加這位現代西班牙作家兼外交官所說的特性相近。他在《熱情的構造》（一九二九年）這本書中，定義法國人為「思考者」，英國人為「行動者」，而西班牙人最大的特徵就是「熱情者」。這股熱情就是在感到亢奮時，隨「與生命流動一致的感情」任意發展。因此熱情者憑著意志，順著生命流動運作，卻不控制其速度和方向，有時即興，還對時常投入的事物奉獻一切。

因此，熱情者會用全副身心去戰勝難以克服的障礙，相反地，也常表現出漠不關心、懶惰、消極的態度。從熱情出發所描繪的西班牙歷史，包括戰勝理性的神秘主義、超越所有法律和規範的榮譽價值、不道德主義和個人主義誕生出的冒險精神、化為冥想的思考、浸透進集團生活的平等性、高高低低的熱情起伏……這些都是外在展現。

這種捕捉「熱情」的方法，十分具有啟發意義。西班牙外交官馬達里亞加談論西班牙人時，會連結通俗化、抽象化的描述，與從古至今伊比利半島內外的複雜歷史過程，一併進行具體化思考。

在歷史進展的過程中，熱情從不僅集中於一種事物，而是根據時代遷移至各種事物。戰爭、追求榮譽、戀愛與渴望殉教、紅色、巴洛克美術、神秘家的靈性、對基督受難的親切感、鬥牛、佛朗明哥舞蹈和吉他音樂……就像這樣，熱情存在於西班牙式各種活躍的情況，也和各個時代的政治、社會、文化形式有密切關聯。

書中曾講解過關於「熱情」的語源，不過現在要再提一次。歐美語中的「熱情」（pasión, passion, passione）是來自於拉丁語passio，這個字又是從動詞pati（「蒙受」、「任憑安排」的意思）衍生的。我們可從語源中理解到「任憑生命流動通過，不加干涉」這種被動態度。從這個語源來看，pasión, passion, passione等除了「熱情」，還意味著「（基督）受難」。西班牙（人）簡直可說是緊緊懷抱著「熱情」和「受難」兩者。

然後要注意的重點是，在歐洲各國當中，西班牙於中世紀期間長期與伊斯蘭世界接觸（以及猶太人），不同民族之間的接觸很平常。西班牙就是這樣的地方。

這個國家以卡斯提亞為中心，花了數百年再征服，之後因為異端裁判制、排除及抗拒伊斯蘭和猶太要素，最後再整合。有人說這跟他們純粹的「天主教徒國民性」無法切割。只看結果，或許不能說錯。可是，像這樣的事後諸葛，認為西班牙（人）的精神發展沒有受到伊斯蘭的影響，是一種錯誤的解釋。

西班牙後奧米雅王朝本身就是伊斯蘭國家，就算不說哪個特別的時代，基督教時代的西班牙和伊斯蘭（以及猶太人）在日常生活上仍常互相接觸。就連純粹的天主教西班牙，摩洛人、猶太人、基督教徒三者幾百年來都維持親密的共存關係，正因為彼此之間的血統和文化相互融合交流，方造就了西班牙式的個性。就算是政治上關係敵對，在無意識中仍包容對方的文化和想法。

西班牙除了地名，包含農業用語、政府機關用語和其他日常用語，其中很多源自於阿拉伯語。文學亦具有莫札勒布風格的故事詩。在建築和裝潢風格上，融合了伊斯蘭和基督教（穆德哈爾式）。從西班牙寬廣文化與社會習俗來看，誰都沒法否認安達魯斯的影響特別大（佛朗明哥舞等）。

這樣看來，文化的接觸與融合，成為我們解讀西班牙史的中心——熱情——一巨大要因，從而形塑出個性的一部分。

西班牙在長久的歷史中，展現出異文化交流，對於面臨分裂的現代世界來說，可能是一個福音。一九九五年，在西班牙政府的提倡下，歐盟開始進行「歐洲—地中海夥伴關係」，又稱為巴塞隆納進程。其目的是想消弭過去數個世紀裡，歐洲、中東伊斯蘭國家、北非諸國之間的誤解與衝突，實現地中海地區的和平與穩定，並促進自由貿易和經濟繁榮，認同彼此的文化，加深人民之間的交流與互相理解。

有人批評，這根本沒有效，畢竟中東國家和巴勒斯坦、基督教圈與伊斯蘭教圈的對立和緊張，沒那麼容易就能緩解。即便如此，設定並開始推動這樣的理念是很重要的，而能夠完成此一主要任務的，恐怕就是經驗豐富的西班牙。

西班牙與義大利南部一致保存了古文明的命脈，各民族之間不斷進行交流。最後我要懷著希望寫下自己的預言——西班牙這個國家和現代西方文明（世界文明）走的是不同的路，但在熱情民眾的智慧保證之下，必定能夠走出一條彌補救濟之道。

結語

西班牙對我來說是一個「憧憬之國」。我雖去過三次，但都以巴塞隆納為主，馬德里、托雷多、安達魯西亞地區等都只是走馬看花，而且是在大學時代，只去過一次。想要看得更仔細，想要知道得更多，想要更加沉浸在當地的氛圍中，這樣的想法促使我寫下本書。

西班牙羅曼藝術、阿方索十世、拉蒙．柳利，與義大利拿坡里王國相關的卡洛斯三世等主題，我收集了大量西班牙文獻，閱讀到某種程度，不過還沒到以論文的形式面世。這個課題我哪天會想完成。

為了寫本書，我參考了許多日本和歐洲書籍，在此將特別拿來參考的主要日本文獻列舉於下。

・アメリコ・カストロ（本田誠二訳）『スペイン人とは誰か——その起源と実像』水声社、二〇一二年

・フェルナンド・チュエッカ（鳥居徳敏訳）『スペイン建築の特質』鹿島出版会、一九九一年
・ルイ・パロー（西海太郎訳）『スペイン文化史概観』アルス、一九四三年
・ハイメ・ビセンス・ビーベス（小林一宏訳）『スペイン――歴史的省察』岩波書店、一九七五年
・サルバドール・デ・マダリアーガ（佐々木孝訳）『情熱の構造――イギリス人、フランス人、スペイン人』れんが書房新社、一九八五年
・マリア・ロサ・メノカル（足立孝訳）『寛容の文化――ムスリム、ユダヤ人、キリスト教徒の中世スペイン』名古屋大学出版会、二〇〇五年
・ウィリアム・モンゴメリ・ワット（黒田壽郎／柏木英彦訳）『イスラーム・スペイン史』岩波書店、一九七六年
・有本紀明『闘牛――スペイン生の芸術』講談社選書メチエ、一九九六年
・牛島信明／川成洋／坂東省次編『スペイン学を学ぶ人のために』世界思想社、一九九九年
・芝修身『古都トレド――異教徒・異民族共存の街』昭和堂、二〇一六年

西班牙史的完成，也代表我的五個歐洲主要國家「回溯史」系列宣告結束。在日本，最初發行第一本《吃出來的義大利史：推動義大利千年歷史的義大利麵》的時候，我作夢都沒想到會變成系列作，不過寫完第二本《甜點裡的法國：把甜蜜當武器的法蘭

西歷史與文化》開始，我就想要挑戰看看。

之後是《德國不思議：從森林、山川探索德意志的文化與哀愁》、《王室英國：國王、海盜與大不列顛的崛起》，然後是本書《熱血西班牙：伊斯蘭、猶太人和基督教的衝突與和解》*。調查、研究這五個國家的歷史時，我有許多開心的發現，最後終於完成，這是一套專門研究各國的學者，所不會寫的文化、社會整體發展史。

我的專業是研究歐洲中世紀——撇除對食物的興趣——沒有理由去偏袒任何一個國家。我以自由的立場，探查貫徹各個國家的歷史和精神傾向，摸索了大約十數年。

岩波書店青少年新書編輯部負責一開始的兩本的朝倉玲子小姐，以及在她離職後牢牢接住棒子的塩田春香小姐，正因為有兩位陪我一同在黑暗中摸索，才能順利抵達第五本的完結篇這個終點。當然關於本書，塩田小姐詳細檢視原稿，給予各種指導和提案，讓作品變得更符合學生的胃口。請容我在此表達對這兩人的由衷謝意。

本書若能讓年輕讀者們燃起認識西班牙的熱情，作者我會非常高興的。

池上俊一

*註：以上皆為日本出版順序，臺灣版之順序則為英國、義大利、西班牙、德國、法國。

1873 國民議會宣布成立共和國（第一共和國，～1874）。

1883 高第擔任聖家宗座聖殿暨贖罪殿的建築師。

1888 工人總聯盟（UGT）成立。

1898 美西戰爭爆發，西班牙輸給美國。

1914～1918 第一次世界大戰。西班牙政府維持中立。

1923 復辟王室的米格爾．普里莫．德里維拉將軍開始施行獨裁。

1931 阿方索13世流亡海外，第二共和國成立（～1939）。

1936 佛朗哥將軍在西班牙領地摩洛哥叛變，西班牙內戰爆發。

1937 畢卡索〈格爾尼卡〉在巴黎萬國博覽會中參展。

1939 佛朗哥占領馬德里，宣告內戰結束。開始獨裁政權並鎮壓人民戰線派。

1955 西班牙加入聯合國。

1959 「巴斯克祖國和自由」（ETA）成立，目標是讓巴斯克獨立。

1975 佛朗哥病逝，胡安．卡洛斯一世按照他的遺言即位。

1978 公民投票通過《1978年憲法》，西班牙成為君主立憲制。

1983 到這年為止承認了17個自治州。

1986 西班牙加入歐洲共同體（EC）。

2010 佛朗明哥舞被聯合國教科文組織登錄為非物質文化遺產。

1571 西班牙、教皇、威尼斯的聯合艦隊在勒班陀戰役中戰勝鄂圖曼土耳其。

1579 荷蘭北部七州組成烏得勒支同盟，脫離西班牙並實質獨立。

1580 菲力普2世強行合併葡萄牙（～1640）。

1584 天正遣歐使節團謁見菲力普2世。

1588 無敵艦隊在格瑞福蘭海戰中輸給英國海軍。

1605 塞凡提斯發表《唐吉訶德》第一部。

1609 開始將摩里斯科人流放到國外（～1614）。

1625 左右帝索・莫里納出版《塞維亞的風流客與石頭客人》。

1640 葡萄牙在布拉甘薩王朝的帶領下成功從西班牙獨立出來。

1656 維拉斯奎茲畫作〈侍女〉。

1700 卡洛斯2世卒，安茹公爵菲利普即位，是為菲力普5世（～1746，波旁王朝成立）。

1701 西班牙王位繼承戰爭開打（～1714）

1730～50年代 鬥牛術的形式固定。

1759～1788 卡洛斯3世開始啟蒙專制君主制統治。

1808 拿破崙軍進駐西班牙，西班牙獨立戰爭開打（～1814）。

1812 在加的斯成立西班牙第一部自由主義憲法（《加的斯憲法》）。

1820年代 除了古巴、波多黎各，幾乎所有拉丁美洲殖民地都獨立。

1833 費爾南多7世去世，第一次卡洛斯戰爭爆發（～1839）

1835～37 門迪薩瓦爾首相／財務大臣公布永久所有財產解放令、廢除長子繼承制、廢除領主制、農地圈地自由化、解散梅斯塔。

1836 法蘭西斯柯・蒙特斯出版《鬥牛術大全》。

1842 「佛朗明哥咖啡酒吧」在塞維亞開張。

1846～1849 第二次卡洛斯戰爭爆發，以伊莎貝拉2世派的勝利告終。

1848 西班牙首次在巴塞隆納和馬塔羅之間鋪設鐵路。

1137　亞拉岡王國和加泰隆尼亞公國合併，建立亞拉岡聯合王國。

1143　葡萄牙在再征服運動的過程中，從卡斯提亞王國獨立。

12世紀中葉～13世紀初　敘事詩《熙德之歌》完成。

1212　天主教各國聯軍在拉斯納瓦斯·德·托洛薩會戰，打倒穆瓦希德王朝軍隊。

1230　卡斯提亞國王斐迪南3世繼承萊昂國王位，整合兩個王國。

1232　拉蒙·柳利誕生（1315年逝世）。

1238　奈斯爾王朝穆罕默德1世奪取格拉納達後建立王國（～1492）。

1256　阿方索10世開始編纂《七章法典》。

1348～1350　鼠疫蔓延。

1469　卡斯提亞公主伊莎貝拉和亞拉岡王子斐迪南結婚。

1478　西班牙引進異端裁判制。

1479　斐迪南2世當上亞拉岡國王，西班牙王國成立。

1492　1月攻陷格拉納達，再征服運動完成。3月，宣布強迫猶太教徒皈依天主教的改宗令。10月，哥倫布抵達聖薩爾瓦多島。

1502　公布穆德哈爾改宗令。

1515　亞維拉的德蕾莎誕生（1582年過世）

1516　卡洛斯1世在布魯塞爾宣布登基（～1556，哈布斯堡王朝成立）。

1520～1521　卡斯提亞境內都市發生自治區起義。

1521　埃爾南·科爾特斯征服阿茲提克帝國（墨西哥）。

1533　皮薩羅率領約180名部下征服印加帝國（秘魯）。

1534　依納爵·羅耀拉等人創立耶穌會。

1540～1550年代　「血統純淨」章則擴散。

1549　聖方濟·沙勿略在鹿兒島登陸，開始宣傳天主教。

1552　拉斯·卡薩斯出版《印地亞斯毀滅述略》。

1563　在馬德里興建埃爾·埃斯科里亞爾宮殿（～1584）。

西班牙史年表

西元前3000年 伊比利亞人離開非洲來到伊比利半島。

西元前900～前650 凱爾特人從北方移居至伊比利半島，並和先定居的伊比利亞人混血。

西元前8世紀以後 腓尼基人和希臘人定居伊比利半島。

西元前218～201 第二次布匿戰爭爆發，羅馬勝利後在伊比利半島設置西班牙行省。

415 西哥德族入侵伊比利半島，三年後，在高盧南部和伊比利半島建立西哥德王國。

589 雷卡雷德王在第三屆托雷多公會議宣布皈依天主教。

711 塔里克率領的伊斯蘭軍，入侵半島，擊破羅德里克大軍，消滅西哥德王國。

722 阿斯圖里亞斯王國在科瓦東加之戰，大破奧米雅王朝伊斯蘭軍（再征服運動的開端）。

756 阿卜杜拉赫曼1世在哥多華建立後奧米雅王朝（～1031）。

795 法蘭克王國查理曼大帝設置西班牙邊境領。

910 阿斯圖里亞斯王國加西亞1世，將首都遷至萊昂，改國號為萊昂王國。

961 哈卡姆2世登基，支持文藝，在哥多華建設藏書量高達幾十萬本的圖書館。

1031 後奧米雅王朝滅亡，分裂成超過二十個泰法。

1037 卡斯提亞王國斐迪南1世合併萊昂王國。

1085 卡斯提亞王國阿方索6世再度征服西哥德王國的托雷多。

1091 在安達魯斯建立穆拉比特王朝。

1130 穆瓦希德王朝在摩洛哥建立（～1269）。

Note

Note

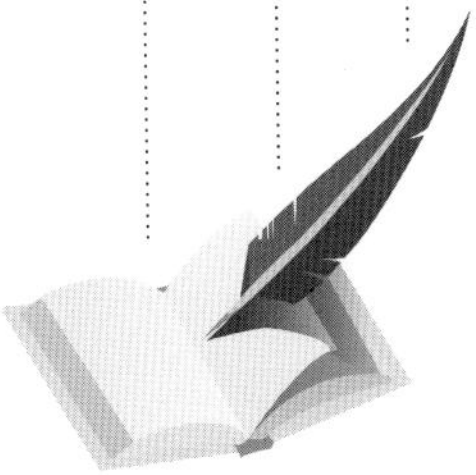

國家圖書館出版品預行編目資料

熱血西班牙：伊斯蘭、猶太人和基督教的衝突與和解/ 池上俊一作；李喬智譯. -- 初版. -- 新北市：世潮, 2020.05
面；　公分 (閱讀世界；31)
ISBN 978-986-259-066-9(平裝)

1.西班牙史

746.11　　109001669

閱讀世界31

熱血西班牙：伊斯蘭、猶太人和基督教的衝突與和解

作　　者／池上俊一
譯　　者／李喬智
審　　訂／林震宇
主　　編／楊鈺儀
特約編輯／陳文君
封面設計／Chun-Rou Wang
出 版 者／世潮出版有限公司
地　　址／(231)新北市新店區民生路19號5樓
電　　話／(02)2218-3277
傳　　真／(02)2218-3239（訂書專線）、(02)2218-7539
劃撥帳號／17528093
戶　　名／世潮出版有限公司
　　　　　單次郵購總金額未滿500元（含），請加80元掛號費
世茂網站／www.coolbooks.com.tw
排版製版／辰皓國際出版製作有限公司
印　　刷／世和彩色印刷有限公司
初版一刷／2020年5月
　　二刷／2022年2月

ISBN／978-986-259-066-9
定　　價／360元